GDPを1500兆円にする方法

「失われた25年」からの大逆転

「ザ・リバティ」編集長
綾織次郎

まえがき

日本のGDP（国内総生産）を1500兆円にする――。安倍晋三首相がGDP600兆円を掲げる中で、多くの方は「そんなことができるのか?」と思われるでしょう。

ただ、同じ先進国のアメリカは1990年ごろから20年余りで、GDPを約3倍に増やしています。10年、20年の単位で考えれば、現実的な目標ということだと思います。国民ががんばれば、それぐらいの経済成長は十分可能だということでしょう。

もともと「こうすればGDPが3倍になる」という構想は、大川隆法・幸福の科学グループ創始者兼総裁が明らかにしているものです。例えば、約100兆円を投資し、10年、20年かけてリニア新幹線の全国網を敷けば、GDPは今の3倍ぐらいになると述べています（『大川隆法政治講演集2010第6巻　心の導火線に火をつけよ』）。

本書は、リニア構想も含め、大川総裁がこれまで説かれた政治哲学、繁栄思想、経済政策をもとに書かれています。この場を借りまして日々の御指導に心より感謝申し上げます。

そして、本書では、GDP1500兆円へのステップを以下のように大まかに整理しています。

ステップ1――資本主義、自由主義の精神を取り戻し、日本に「自由の革命」を起こす。

ステップ2――「重税国家」から「減税国家」へ大転換し、マルクスの「共産党宣言」を葬り去る。

ステップ3――「資本主義の終わり」と言われる事態を乗り越え、「新しい資本主義」の時代を開く。

大川総裁のたくさんのアイデアが盛り込まれており、本書を読み進めるうちに、１５００兆円という数字が小さく感じるようになるかもしれません。

実は、こうした大きな構想を具体的に実現しようとしているのが、政治では幸福実現党であり、教育では２０１５年に千葉県に開学したハッピー・サイエンス・ユニバーシティ（ＨＳＵ）です。

本書を通じて、幸福実現党、ＨＳＵの意義をより深く理解いただくとともに、大川総裁の人類幸福化への願いを感じとっていただければ幸いです。

２０１５年11月7日

「ザ・リバティ」編集長　兼

ハッピー・サイエンス・ユニバーシティ　ビジティング・プロフェッサー

綾織次郎

ＧＤＰを１５００兆円にする方法　目次

目次

序章

日本のGDPを1500兆円にする方法　15

Step 3

「新しい資本主義」の時代を開く
――2030年の新しい社会

第9章 ジョブ・クリエーションの時代へ

序章

日本のGDPを1500兆円にする方法

長く経済が停滞する日本では、
「経済は成長しなくて当然」という風潮がある。
しかし、日本経済の不振には明確な原因があり、
それを踏まえて手を打てば、
経済規模を2倍増、3倍増させることは可能だ。

ＧＤＰが伸びないよう〝努力〟している日本

日本のＧＤＰ（国内総生産）が１９９１年ごろから25年間にわたって、５００兆円前後で停滞しつづけていることは、日本経済の最大の謎である。

その中で安倍晋三首相は２０１５年秋、新しいアベノミクスとして「新３本の矢」を打ち出し、ＧＤＰを６００兆円にするという目標を掲げた。２０２０年ごろの達成を考えているそうだ。

２０１４年の日本のＧＤＰは約４９０兆円だから、これを2割増しにしようとしている。国民の側からすれば、２０２０年には、２割分、給料が増えていることを意味する。

「脱成長」や「低成長でもいい」という現代の日本の風潮が経済の停滞を生んでいる面もあるので、発展の方向性を示したこと自体はすばらしい。

ただ問題は、「失われた20年」とか「失われた25年」と呼ばれる長期のＧＤＰの

25年間「成長しない」日本

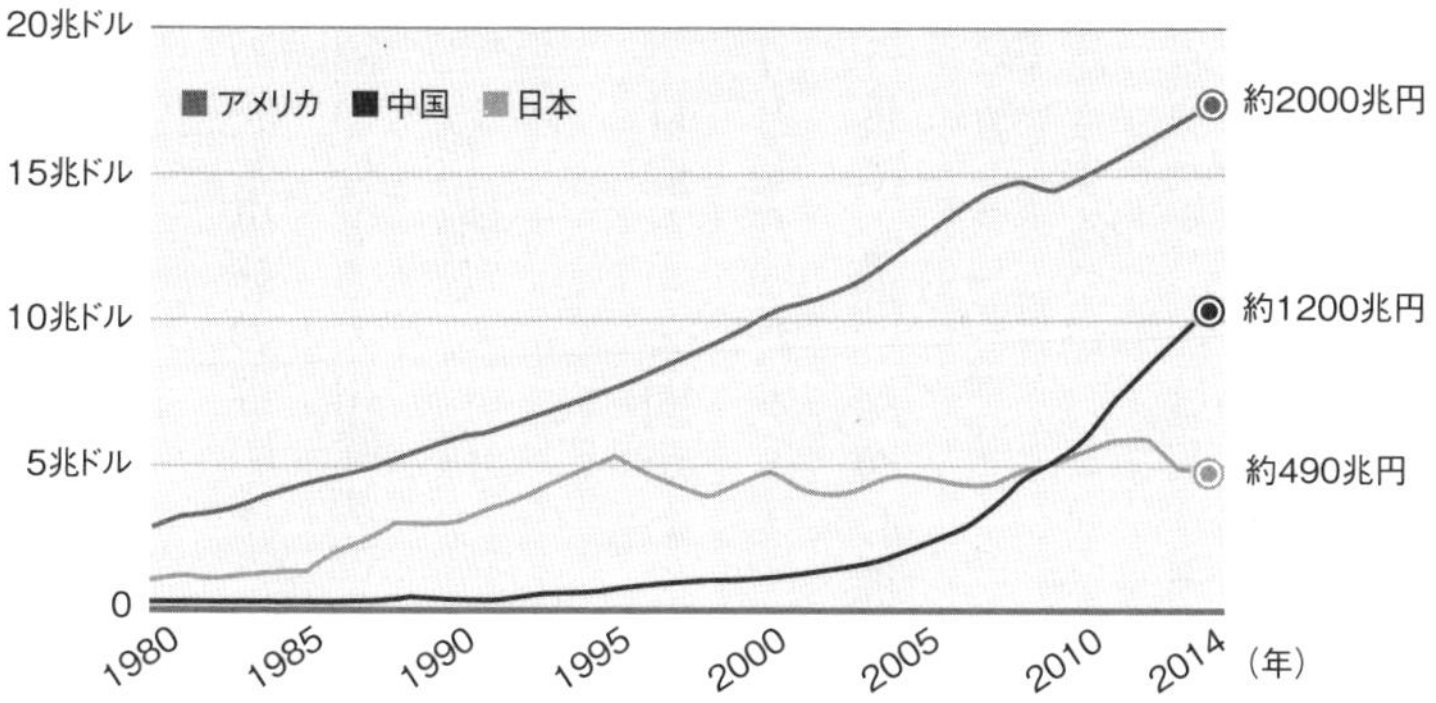

中国のGDPは2010年に日本を逆転。この5年間で、日本の2倍にまで成長した。アメリカも移民受け入れなどで成長を続けている。25年間も「成長しない」日本は、「資本主義の終わり」を象徴している。

低迷だ。その原因を明らかにしたうえで解決策を示さなければ、簡単に600兆円には届かないだろう。

日本を追い越したとされる中国のGDPは、1990年から約30倍になった。今は日本の2倍を超えている。アメリカもこの間、約3倍になった。

だとすれば、日本もGDPが1500兆円ぐらいになってもおかしくないところだが、日本はGDPが伸びないように〝努力〟をしているかのように見える（上グラフ）。

GDPを押し下げる理由①　アメリカを追い抜くことの恐怖

この異常事態の理由は、いったい何なのだろうか。

幸福の科学の大川隆法総裁は1997年の法話「繁栄への道」で、こう指摘していた。

目標とする国があって、それを追いかけていくのは、わりと楽だったのですが、「追い抜いてしまうのは怖い」という集団心理、深層心理が日本人にあったのではないでしょうか。「このままアメリカを超えてしまったら、そのあと、どうするのだ」ということです。「追い抜いたあと、どうするか」という見取り図がなければ、その先が非常に怖いわけです。

「ザ・リバティ」で
おなじみの
そもそもモグラ

日本が不況で苦しんでいれば、アメリカは非常に安心し、日本に対して、「もう一回、戦争するか」などと言うことはないわけです。

（『奇跡の法』より）

つまり、先の大戦でアメリカに敗戦したトラウマ（精神的外傷）が日本人には根深くあって、「アメリカを超えてはいけない」と無意識に考えてしまっているというわけだ。

実際、アメリカのGDPを追い越すことが見えてきていた90年代、日本は敗戦のトラウマを歴史問題の形で自ら持ち出し、外交問題化した。

日本軍による慰安婦の「強制連行」を謝罪した「河野談話」は93年。先の大戦全体を謝罪した「村山談話」は95年。日本の謝罪外交の深まりと、90年代のダラダラとした経済低迷は軌を一にしている。河野洋平元官房長官や村山富市元首相の「罪」は、経済面でも極めて大きい。

対アメリカで見れば、「日本は悪い国でした」と謝りつづけ、「アメリカを絶対に刺激しない」と固く決意しているかのような行動だった。

「アメリカとさえうまくやっていれば、日本は安泰」

実は、大蔵省（当時）や日本銀行（日銀）も、「アメリカを刺激してはいけない。怒らせてはいけない」という姿勢はまったく同じだった。80年代後半から、卑屈なまでにアメリカ経済を支える政策判断を続けてきたのだ。

アメリカがレーガン政権下で「強いドル」（ドル高）政策を採っていた時のことだ。アメリカには、日本をはじめ世界から工業製品が流れ込んでいた。アメリカ国内の製造業の苦境のため、「行きすぎたドル高を是正しよう」ということになり（85年のプラザ合意）、1ドル240円が1年ほどで120円にまで「ドル安」になった。

日本にとっては「円高」で、アメリカにあまり日本製品が売れなくなる。「円高不況」が叫ばれ、日本政府はアメリカに「何とかならないか」と泣きついた。ところがアメリカの反応は、「だったら、金融緩和をしたらいい」というものだったという。金融緩和をすれば、つまり円をたくさん流通させれば、その価値は下がって円安になるだろうということだ。

アメリカとしては、「日本がたくさん紙幣を刷ってくれれば、余った『円』がアメリカ市場に流れ込み、アメリカ国債を買ってくれる。ドルの価値も安定する」という思惑だったのだろう。

日本はこのアメリカの要求を受け入れ、金融緩和策を続けた。国内ではバブル経済が発生し、アメリカでは米国債を買いつづけることになった。

この過剰な対米協調の根底には、「アメリカとさえうまくやっていれば、日本は安泰だ」という敗戦によるトラウマがある。

その枠組みから、日本の政治家や官僚、マスコミもいまだ抜け出すことができていない。

大川総裁は、著書『国を守る宗教の力』で、他国の経済を自国の経済よりも優先するような日本のエリートたちの姿勢についてこう述べている。

要するに、経済的にも財政的にも、日本のGDPが伸びないようにした連中がいるのです。

したがって、「この二十年間、日本のGDPがまったく伸びなかった」ということに対する反省を求めなくてはいけません。誰かが責任を取るべきです。

二十年間も止めるのは大変なことで、並大抵の努力では止められません。よほど頑張らないかぎり、止められないのです。国の財政・金融当局の責任者が敵国のスパイか何かでなければ、こういうことはありえません。

GDPを押し下げる理由②　資本主義の精神を傷つけた
――「成長、格差は悪」という社会主義の発想

「アメリカを追い抜くのは怖い」という集団心理が、バブル経済だけではなく、その後の〝バブル潰し〟を生んだ。

80年代末、マスコミが「濡れ手で粟のような商売はよくない」と〝バブル叩き〟を大合唱。その中で、日銀が急激に金融引き締めに転じ、大蔵省は不動産への融資に対する厳格な規制を導入した。景気が明らかに減速し始めても、それらの措置は改められなかった。

「アメリカを超えない」ことを確実に実現するために、日本人全体が、潜在意識でバブル叩きの集団ヒステリーになったかのようだった。

日経平均株価は1989年に約3万9千円の最高値を記録していた。それが現在（2015年冬時点）は、バブル崩壊後25年以上経ってもその半値に満たない。

〝バブル潰し〟を通じて「成長は悪」というような風潮ができあがり、それがまだ続いている。

そのために、少しでも景気がよくなる兆しが出てくると、「格差」批判の大合唱が起こる。最近ではフランスの経済学者トマ・ピケティの『21世紀の資本』がブームとなり、アベノミクスを盛んに攻撃した。「格差」批判は、明らかな不況の最中では収まり、好況期やそれに準ずる時期に盛り上がることに、その本質が表われている。

「格差」批判は、「お金持ちから高い税

バブル潰しのダメージは今も続く

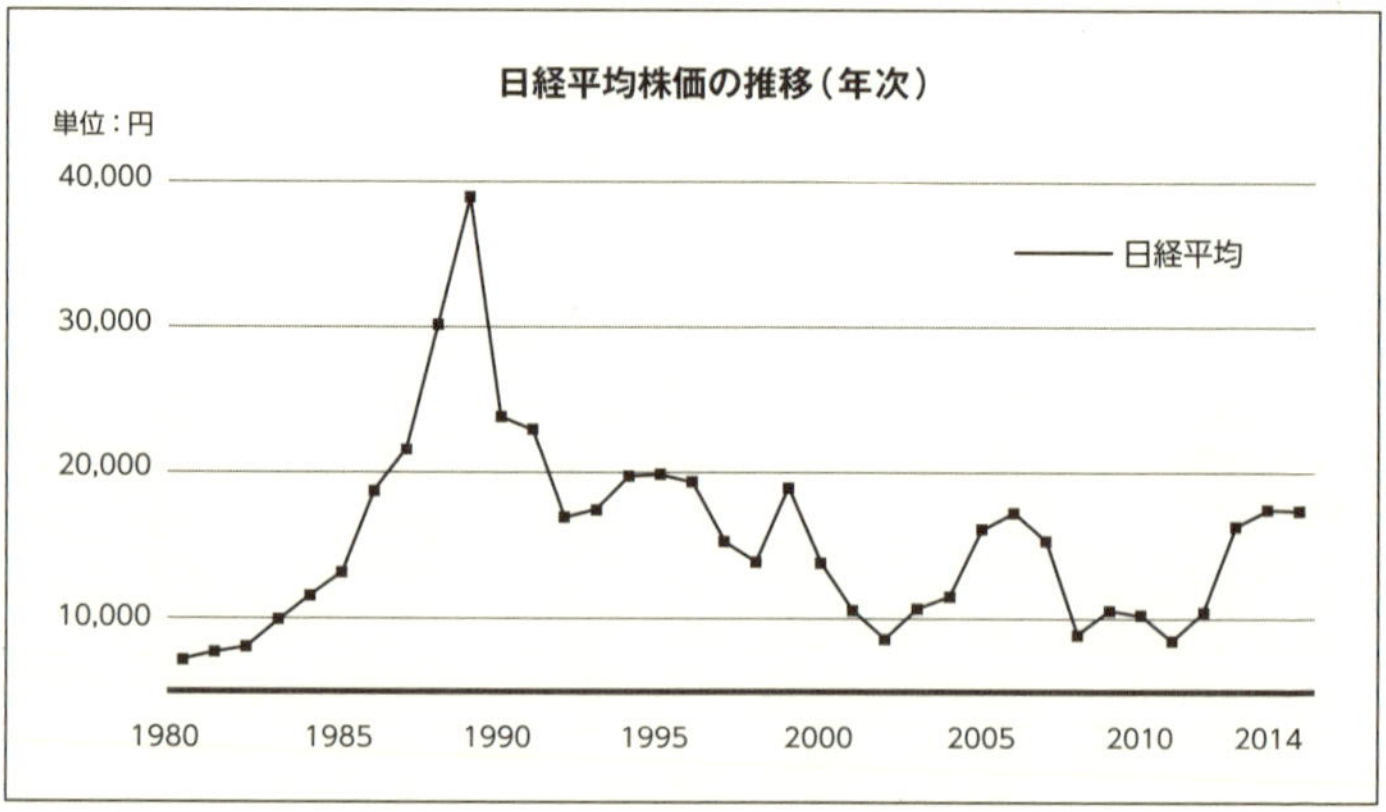

金を取って、貧しい人たちに配分せよ」という要求であり、社会主義そのものだ。91年に社会主義国家ソ連は崩壊したが、日本ではまだ生きている。まるで社会主義思想を生んだマルクスの亡霊が復活しているかのようだ。「成長は悪」「格差は悪」という社会主義的な風潮は、資本主義の精神への大きなダメージとなった。

「貧しい人に分配せよ」の風潮にのみ込まれたアベノミクス

安倍首相も社会主義的な風潮にのみ込まれてしまっている。

安倍首相は2015年10月、「新3本の矢」として、「強い経済」「子育て支援」「安心につながる社会保障」を掲げた。この中で、保育の待機児童ゼロや、介護離職ゼロのための施設整備などを具体策として挙げた。税金を投入することによってこれらを実現しようとしている。

ただ、待機児童ゼロも介護施設整備も、「旧3本の矢」の第3の矢によって実現できるものだ。

旧第３の矢は「成長戦略」で、特に規制を緩和して新しい商品やサービスを生み出そうというものだった。待機児童をなくすには、民間企業やＮＰＯなどの新規参入を積極的に認めればよかった。横浜市が待機児童ゼロを実現して話題になったのは、これを実行したためだ。

介護施設やサービスが足りない原因は、政府が民間企業やＮＰＯの参入を厳しく制限しているためだ。保育と同じように、待機老人が問題となっている。規制改革によって新規参入を積極的に認めることで、待機児童や介護離職の問題はクリアできる。

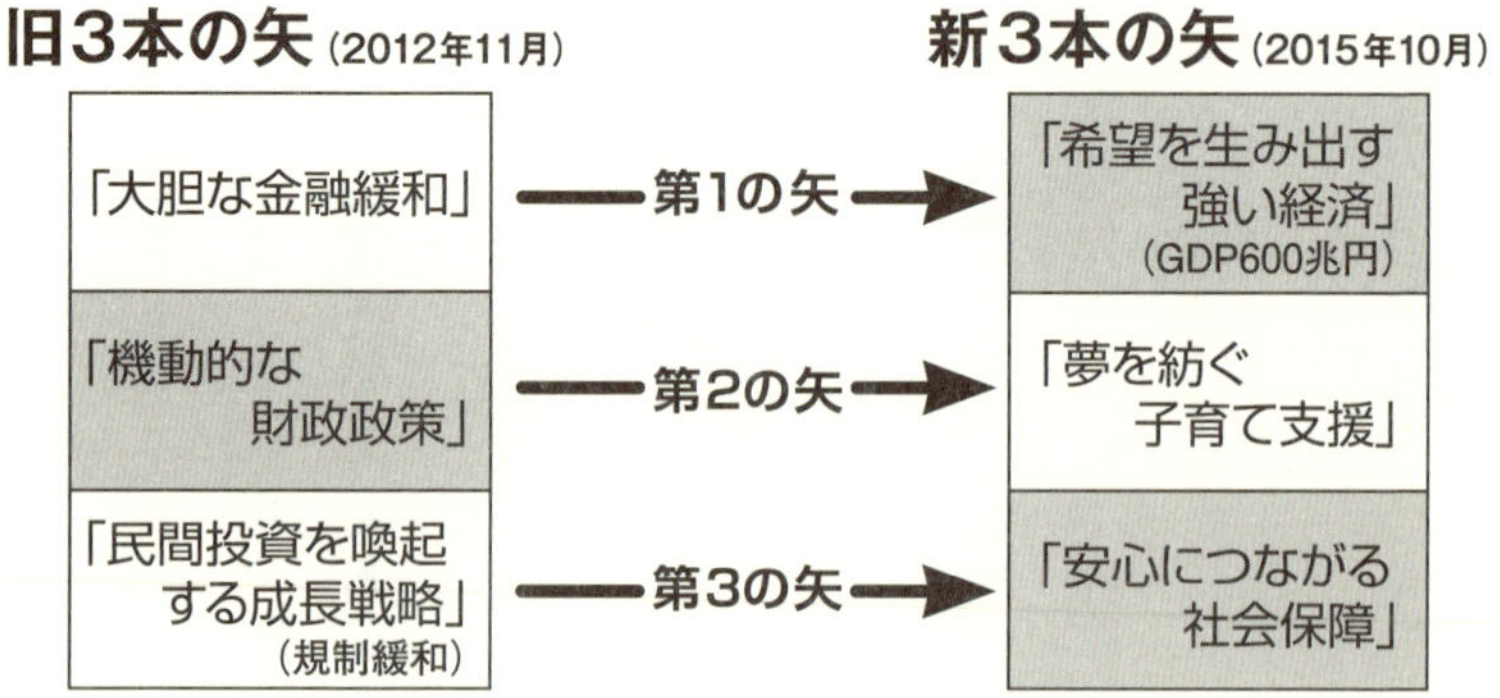

しかし、安倍首相は旧第3の矢の成長戦略を推し進めることができなかった。規制緩和ではなく、税金投入によって社会保障を充実させようとするのは、「お金持ちから高い税金を取って、貧しい人たちに分配せよ」という風潮や世論の圧力に負けてしまったからだと言える。

マイナンバー制は、国民の資産をすべて把握し、資産課税を目指す

同様に、安倍政権が「金持ちから貧しい人に分配せよ」という社会主義的な風潮にのみ込まれる中でこのほど誕生したのが、マイナンバー制だ。

マイナンバー制は、国民すべてに生涯変わらない番号を与え、個人情報を一元的に管理しようとするもの。財務省・税務当局が目指しているのは、国民の資産についての情報をすべて把握し、その資産に課税することだ。

国民の所得はなかなか伸びないので、所得税による税収はそう期待できない。消費税は15％、20％と引き上げていきたいが、国民の抵抗は強いものがある。そこで財務省・税務当局が狙いを定めているのが、国民が持つ資産だ。

家計の金融資産は合計で1700兆円以上にのぼる。このうち1千兆円ほどは、団塊の世代をはじめとする65歳以上の高齢者約3千万人が持っている。税務当局のターゲットはここにある。

こうした家計の金融資産をはじめ、あらゆる資産についての情報を捕捉するための仕組みが、マイナンバー制だ。

ある元国税調査官がマイナンバーについて解説した著書では、以下のようにはっきりと述べられている。

「マイナンバー制度が導入される最大の目的というのは、『富裕層に対する課税強化』である」

「（富裕層の課税強化のために）最も重要なことは、彼らの収入や資産をきっちり把握することである」

最終目標は、「これだけ払え」と命令するシステム

財務省は、２０２１年にはマイナンバーと金融機関の口座情報を結びつけることを義務化する方針だ。さらにその次の段階で、不動産の登記情報などと結びつけることを検討している。

これで税務当局は、国民の収入（フロー）と資産（ストック）をかなりの部分までつかまえることができる。

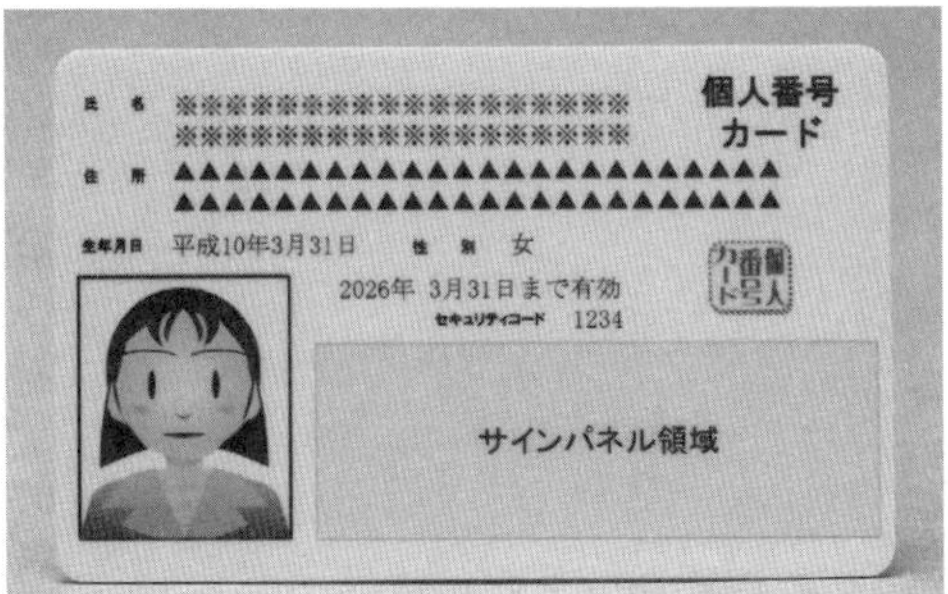

マイナンバー導入後、配布されるICカード「個人番号カード」のイメージ見本。
写真：時事

マイナンバー制度の狙い

① 収入をすべて捕捉する。
② 資産をすべて捕捉する。
③「これだけ払え」と命令できるようにする。

今まで税務当局はこのストックの情報を十分捕捉することができなかった。特定の個人や会社が、複数の口座に預金していれば、すべてを調べることが難しかったからだ。それが、マイナンバーをあらゆる情報と結びつければ、番号を打ち込むだけで、あっという間に捕捉できる。

株式や不動産、貴金属などの保有情報もマイナンバーで管理できれば、極めて楽に税金を取ることができる。

アメリカはこうした共通番号として社会保障番号を導入した〝先輩〟だが、番号を盗んでなりすまして勝手にカードをつくったり、年金を受給したりする犯罪が年間900万件以上起きている。このため、国防総省が2011年、独自の番号制度に転換するなど見直しが進んでいる。イギリスやドイツでもマイナンバーのような共通番号制度は存在しない。

日本だけがマイナンバーのような共通番号制度の導入・拡大に突き進むのは、「楽に税金を取れる」ことのメリットを徹底的に追求しようとしているからだろう。

マイナンバーを金融機関の口座、不動産登記情報に結びつける、この先に構想されているものがある。それは、贈与税、相続税、資産を売った際の利益への課税などの納税金額を計算して、税務当局が「あなたはこれだけ払いなさい」と通知するシステムだという。

現に、政府がまとめた「マイナンバー制度利活用推進ロードマップ」には、「死亡ワンストップサービスの実現」というものが盛り込まれている。これは、亡くなった人の資産についてはすべて把握しておいて、税務署から「これだけの相続税を払いなさい」とすぐに通知できる仕組みを指す。相続税に限らず、贈与税でも株や土地の売買でも同じく、すぐ通知できる。

マイナンバー制で、国民の「自由」は限りなくゼロに

「通知」と言っても、裁判にでも訴えない限り従うしかないので、政府からの

「命令」でしかない。所得と資産がすべて丸裸になったうえで、「今年はこれだけ払え」と命令を受ける社会となってしまう。

これは、生活がモニターによってすべて監視・統制され、思想や言論、職業選択などの自由がない、ジョージ・オーウェルの小説『1984年』の世界に近い。オーウェルが、スターリンが独裁支配したソ連の社会主義をモデルにこの小説を書いたことを考えれば、日本が国家社会主義の方向に向かおうとしていることが分かる。

本来、税金というのは、「納税」という言葉が示すように、国民が自ら主体的に納めるべきもの。それが自由主義の国の原則だ。

税務署からの「これだけ取る」という命令によって行われるならば、もはや「納める税金」ではなく、「取られる税金」しか存在しなくなってしまう。

共産主義を生み出したマルクス（1818～1883年）は1848年の『共産党宣言』で、「共産主義者は、その理論を、私有財産の廃止という一つの言葉に要約することができる」と書いている。政府が国民の私有財産のすべてを把握して「いつでも取れる」状態をつくり、「命令一つで取っていく」のは、私有財産の廃止とほとんど変わらない。

今まで、日本国民は前もって公にされたルールに則って税金を納めてきた。それを守っている限り、国民は自由だった。しかし、税務署が「命令」を発し、それに従うしかないならば、国民の自由は限りなくゼロに近づいていく。

大川総裁は著書『救国の秘策』の中で、マイナンバー制についてこう述べた。

この制度が導入されると、国民は、もう完全に逃げられなくなります。収入は全部把握され、老後もすべて国家の管理下に置かれて、自由の余地はほとんどない状態になります。

日本は今まさに、国家社会主義への道を歩んでいる。

ＧＤＰを押し下げる理由③　満ち足りて欲しいものがない

日本のＧＤＰを押し下げている理由として、「アメリカを追い抜くことの恐怖」「資本主義の精神へのダメージ」があることを指摘してきたが、もう一つ、身近な問題もある。消費税が１９８９年に導入されてから、日本経済の低迷が始まったことだ。

日本には、貧しかった時代の「消費は悪」「消費は浪費」という感覚が残っており、欧米のような「消費文化」が確立しているとは言えない。消費税は「消費に対する罰金」のように受け止められているため、日本にはあまり合っていない――。大川総裁はこんな見解を示している。

加えて、他国に比べれば日本人の大多数が豊かになり、「特に欲しいものがない」社会となったことも大きな要因だ。

大川総裁は２０１５年９月の法話「奇跡を呼ぶ心」での質疑応答で、日本のＧ

DPの伸びが停滞している理由をこう分析した。

物がない時代や、あるいは、発展が十分でない時代には、必要なものをつくれば売れたわけです。皆が必要とするものを見つけて売ればよかったのです。しかし、これからの時代は、そうはいかないと思います。

それは、「必要なものを満たす」という工業や商業活動でもっては、もう経営発展、あるいは、経済の発展がないということです。必要なものは、一通り日本にはもう満たされてきたのです。

世界の中で位置づければ、日本人の大半が「富裕層」に入っている。衣食住に困らず、携帯電話や自動車を所有する暮らしは、世界では上位2割に入る高いレベルの豊かさだ。だから、日本人は生活上、「特に欲しいものがない」という状況であり、世界でも最先端を走っていると言っていい。

企業にはいい投資先がなく、お金があり余っている。国民に1700兆円以上にのぼる金融資産があっても、企業が積極的にそれを借りて投資しようとしない。お金を貸し借りする際の値段が金利なので、企業が借りなければ、金利はどんどん下がる。これが日本でバブル崩壊後から、超低金利が続いている大きな理由だ。

企業がお金儲けに積極的ではなくなっている。これは、「資本主義が終わった」とも言える現象がこの日本で起きていることになる。

学問の世界で言えば、これまでの経済学は「希少な資源を使って、希少な商品をつくって高く売る」という希少性を前提としたものだった。この前提が日本では完全に崩れてしまっており、これまでの経済学も資本主義も直面したことがない事態を迎えている。それゆえに、新しい経済学の登場が求められている（大川隆法著『資本主義の未来』参照。大川裕太著『幸福実現党テーマ別政策集3「金融政策」』でも詳しく解説されている）。

国民が「特に欲しいものがない」と感じている社会で、消費を起こし、ＧＤＰを伸ばすというのは、なかなかの難問だ。

ＧＤＰを１５００兆円にする方法①　歴史問題を克服する

「アメリカを追い抜くことの恐怖」「資本主義の精神へのダメージ」「資本主義そのものの終わり」――。

一つひとつが大きなテーマで、いずれも容易なことではない。ただ、これらを乗り越えることによって、日本が再び発展軌道に乗るならば、一つひとつクリアしていきたいものだ。

中国やアメリカがこの25年でＧＤＰを何倍、何十倍に伸ばしている現実から考えると、日本もＧＤＰを今の3倍の１５００兆円にもっていくことは、本来ならば、そんなに突飛な話ではない。

第一に、「アメリカを追い抜くことの恐怖」を乗り越えるには、「日本は悪い国だった」という罪悪感を克服しなければならない。

２０１５年10月、中国が申請した「日本軍による南京戦での虐殺」の資料がユネスコ記憶遺産に登録された。韓国は２０１６年春に「日本軍に強制連行された慰安婦」に関する資料を、この記憶遺産に申請することを明らかにしており、これも登録される可能性が高い。

「南京大虐殺」は戦中戦後のプロパガンダで、「慰安婦強制連行」は近年つくられた捏造《ねつぞう》であることは、すでに検証し尽くされている。しかし、日本政府がまともに反論しないのは、アメリカからの反発を過度に恐れているからだ。アメリカは占領下の東京裁判で「南京大虐殺」をつくり出した。「慰安婦強制連行」については、韓国の主張を信じ込んでしまっている。

日本の政治家もマスコミも、「歴史問題でアメリカを怒らせたら日米同盟にひびが入るから、反論しないほうがいい」という〝卑屈な対米協調〟から抜け出すことができない。

ただ、歴史問題は最終的には、「日本が先の戦争を戦ったのは間違いだったのか、正しかったのか」という一点に行き着く。要は、多くの日本人が先の大戦について「罪悪感」を持ちつづけることが正しいのかどうかという問題だ。

本書では詳しく論じないが、「日本は戦前の欧米による人種差別主義を打ち破り、有色人種も独立国家を持つことができる新しい世界秩序をつくった」というのが歴史の真実だ（拙著『「奇跡」の日本近代史』参照）。

日本が先の大戦で成し遂げたことへの誇りを取り戻したとき、「アメリカを超えてはいけない」という恐怖心が取り除かれ、国民が元気になり、大国としての責任を果たしていくことができる。

そのためにはまず、「河野談話」「村山談話」を無効としなければならない。同時に、両談話を引き継いだ２０１５年夏の「安倍談話」の撤回も必要になる。

安倍首相は本気でＧＤＰ６００兆円を実現したいならば、自身の談話撤回から始めるべきだった。

ＧＤＰを１５００兆円にする方法②
国民の勤勉さと財産を守る

日本のＧＤＰを押し下げる第二の理由は、「資本主義の精神へのダメージ」だったが、どうすれば資本主義の精神を取り戻すことができるだろうか。

大川総裁は著書『ＨＳ政経塾・闘魂の挑戦』で、資本主義の精神について解説している。


結局、資本主義の精神とは何かというと、実は、「仕事をつくっていく能力」なんですよ。

ですから、「仕事をつくって、富を生み出し、個人が豊かになる。そして、

個人の豊かさの一部が、国家や社会に対する貢献になり、あるいは、足りざるところ、遅れているところに対する穴埋めとなって、いわゆる弱者を助けたり引き上げたりするために使われていく」というスタイルでなければいけない。

日本には、この考え方においては一つの伝統がある。江戸末期の農政家・二宮尊徳は、「人にはむやみに頼らず、勤勉に働き、かわいそうな人がいれば助ける」ことを実践し、多くの人に勧めた。これこそ資本主義の精神だろう。

一生懸命汗を流して働いたその結晶が国民の資産であるので、それを丸裸にして取っていこうとするマイナンバー制こそが、ＧＤＰを伸ばすうえでの最大の障害となる。

その意味で政府は、「仕事を創る」企業家やそれに近い役割を果たす勤勉な人たちを大切に守らなければならないし、彼らが生み出した富も最大限尊重しなければばならない。「仕事を創り出す企業家や、国民の持つ財産は尊いものである」という考え方を、政府の仕事の出発点にしなければならない。

マイナンバー制は国民の「抵抗権」の対象

憲法29条には、「財産権は、これを侵してはならない」と明記されている。この条文の源流は、17世紀イギリスの哲学者ジョン・ロック（1632〜1704年）にさかのぼる。「自分が働いて得た財産をどう使おうと、子供に譲ろうと自由である」という、近代に生まれた「私有財産権」の思想だ。「社会契約」を結んで市民社会を設立する目的も、国民の財産をよりよく守るためだ。

それが日本国憲法にも受け継がれているわけだが、マイナンバー制によって「財産の自由」が今、侵されようとしている。

ちなみに、2012年に発表された自民党の「憲法改正草案」はこの29条が「財産権は、保障する」に変更されている。国民の側から歯止めをかけられるはずの政府だが、なぜか「国民の財産権を保障してやる」という〝お上〟としての政府に立場が逆転してしまっている。マイナンバー制を推し進める自民党には、もはや資本主義や自由主義の価値観がないのかもしれない。

第2章でも触れるが、ロックは、「国民に主権があるため、財産権が守れないなら政府をつくり直すことができる」という抵抗権の思想も唱えた。このままならば、マイナンバー制や「新3本の矢」は、国民の抵抗権の対象になるだろう。

結局のところ、経済面での政府の最も大切な仕事は、国民の財産と、その財産を生み出す勤勉さを守り抜くことに尽きる。そうであるならば、マイナンバー制は廃止するしか選択肢はない（GDPを1500兆円にする方法②は、本書Step1、2で詳しく論じる）。

ＧＤＰを１５００兆円にする方法③
創造的な企業家を育てる

日本のＧＤＰが停滞している第三の理由として、日本が「特に欲しいものがない」社会になったことを先に述べた。これは果たして、乗り越えていけるものなのだろうか。

大川総裁は法話「奇跡を呼ぶ心」の質疑応答で、「これからの資本主義」について示唆している。

必要なものは満たされてきたので、これからのものは、その上を行かなければいけないのです。その上を行くものは何かと言いますと、

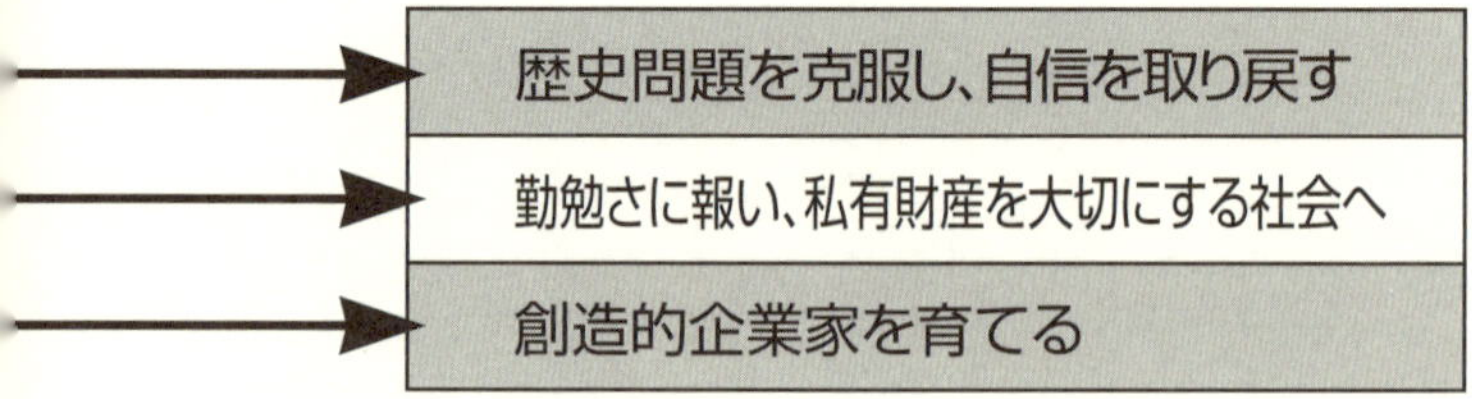

歴史問題を克服し、自信を取り戻す
勤勉さに報い、私有財産を大切にする社会へ
創造的企業家を育てる

「必要なものをつくり、供給する」という考えではなく、「人々に感動を与えるものを供給する。あるいは、感動を与える商品、感動を与えるサービスを供給する」ということです。これによって、マーケットは大きくなっていくわけです。

感動する商品、サービスというのは、個々の企業で言えば、ディズニーランドや評価の高いホテルなどのサービスもあるだろう。

もっと大きなスケールで考えれば、産業革命期の蒸気機関や19世紀後半の自動車、20世紀の飛行機など、「今までなかったもので、その後の生活や仕事

GDP停滞の原因とその対処法

① アメリカを追い抜くことへの恐怖
② 資本主義の精神へのダメージ
③ 満ち足りて欲しいものがない

を一変させるもの」もあるだろう。一企業だけではなく、その後100年以上も続くような新しい産業まで視野に入ってくる。

私の考えとしては、今、必要なものは「アイデア」です。「創造性」のところなのです。「創造性をどうつくるか。創造する頭脳をどうやってつくるか」というところなのです。

今までにないものをつくり出す、考え出す、生み出す力です。これが大事であり、「どうやって、創造的な頭脳をこの国につくり出すか」ということが大事なのです。

（『資本主義の未来』より）

大川総裁によれば、「創造的な頭脳」とは、「異次元世界（天上界、潜在意識）からインスピレーションを受けられる頭脳」のことだという。そうした宗教家のような能力を持つ人材をたくさん輩出することによって、「未来型資本主義」が生まれてくると同書で語っている。

もちろんその過程で、感動を与える商品、サービスが生まれ、日本の経済を大きく成長させる。その中から、未来に大発展する基幹産業も生まれてくる。

これまでの資本主義は、「人・モノ・お金・情報」の経営資源を組み合わせて、商品・サービスをつくり出していた。経営学者のピーター・ドラッカー（1909〜2005年）は、この4つの経営資源に「知識」が最重要のものとして加わると語っていた。

その「知識」は、「未来型資本主義」においては、天上界からの「インスピレーション」や「智慧」を含むものだと考えるべきだろう（「インスピレーション」や「智慧」を資源として駆使する、新しいタイプの企業家の役割については、第9章で掘り下げたい）。

経営資源としての「インスピレーション」

「インスピレーション」と言うと、単なる思いつきのように受け止められるかもしれないが、そんな頼りないものではない。

「日本人、人類をもっと幸福にする未来社会って何だろう」と考えつづける中で、少しずつ膨らんでいくビジョンや構想まで含んでいる。

大川総裁は、まさに人類幸福化

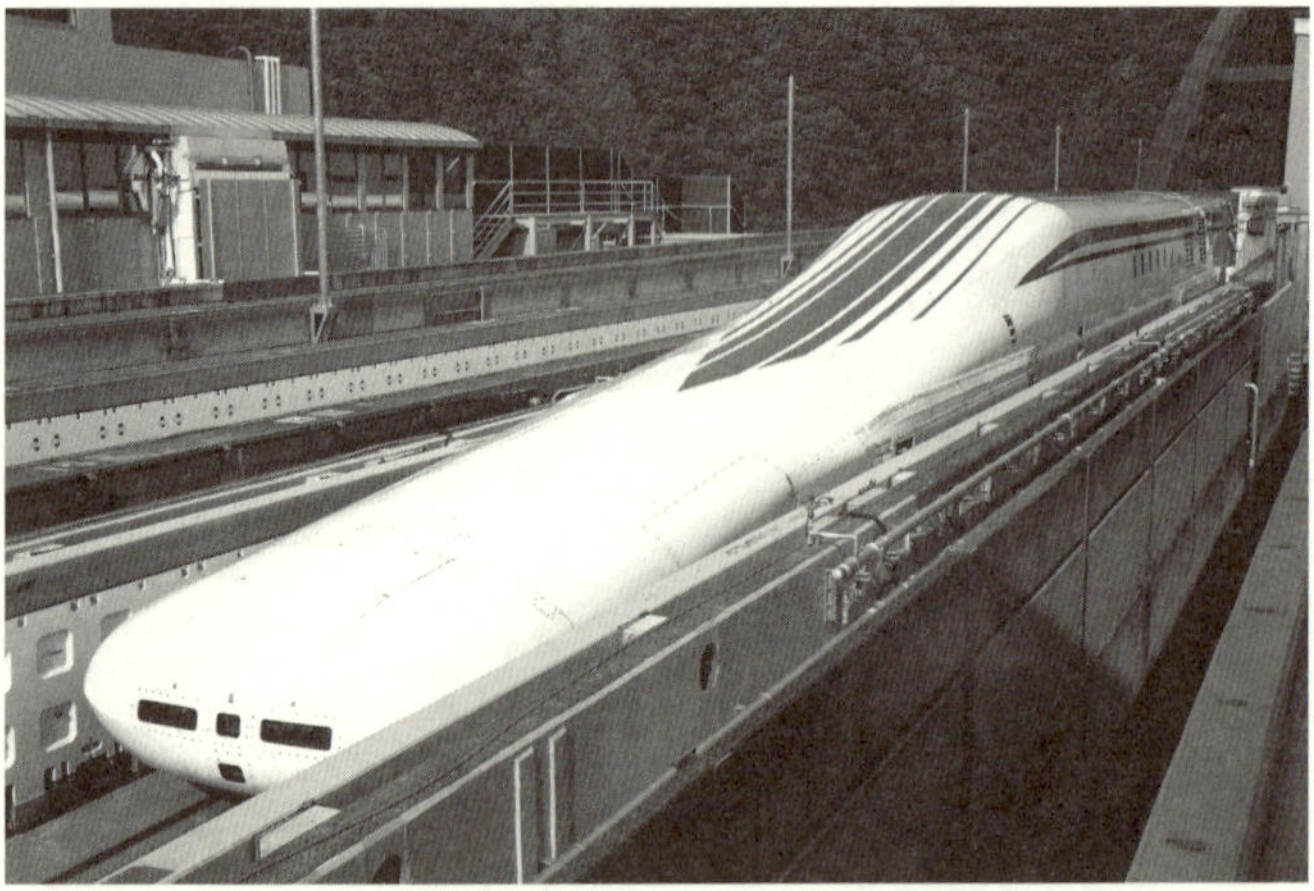

1964年に開通した新幹線によって1956年から92年の間に東京－大阪間の所要時間が3分の1になり、その間GDPは約9倍になった。リニア新幹線が開通すれば同区間の所要時間は5分の2になる。リニア新幹線を全国に広げることで、GDPが数倍になる可能性がある。写真は実験中のリニア新幹線。

の理想を掲げながら探究を続けた結果、人類にとって必要な未来産業の方向性を指し示している。それは例えば、以下のようなものだ。

- 交通革命などによって時間を生み出し、人生や仕事の密度を高めるもの。
- 宇宙開発や海洋開発など人類のフロンティアを開くもの。
- 食糧やエネルギー問題など人口100億人時代の難問を解決するもの。

どれも現代人に新しい感動をもたらすものだと言える（大川裕太著『幸福実現党テーマ別政策集4「未来産業投資／規制緩和」』で詳しく解説されている。本書第7章も参照）。

これらの未来産業の方向性から言えば、「人類を火星に移住させる」と宣言し、宇宙ロケット、電気自動車、太陽光発電の3つの事業を同時に進めるアメリカの企業家イーロン・マスク氏は、注目すべき存在だ。

一民間企業が「火星移住ビジネス」を立ち上げるという、これ以上ないぐらいの高いリスクの事業に挑んでいるので、通常ならば失敗する確率は極めて高い。ただ、本人は、「人類の文明と技術が高いレベルにあるうちに、宇宙を探検し、火星に恒久的な基地を建設したい」と本気で考えている。

マスク氏は各事業で実績を積み上げており、ロケット事業のスペースX社は、NASAに比べて10分の1のコストでロケット打ち上げに成功し、さらに100分の1のコストを目指している。

同じくマスク氏が創立したテスラモーターズの電気自動車は、1回の充電で500キロ弱の走行距離を達成。トヨタ自動車のハイブリッド車・プリウスの2倍の低燃費車であり、着実に販売を伸ばしている。

グーグル創業者で3兆円以上の資産を持つとされるラリー・ペイジ氏は、マスク氏についてこう語っている。

「もし自分の莫大な財産を残すとしたら、慈善団体ではなくイーロン・マスク氏に贈る。彼なら未来を変えられるからだ」

未来を変える事業に人々は感動し、お金を投じるという一つのモデルと言える。

マスク氏は、「今までにないものをつくり出す創造的な頭脳」と実行力を持っているのかもしれない。

これからの時代の企業家は、思いの力、つまり潜在意識の力もフルに使いながら、「感動を与える」事業を創造する役割を担う。

そして、彼らを育て最大限サポートするのが、これからの政府の最も大切な仕事になるだろう。

同時に、日本人の消費行動を〝罰する〟ような効果を生んでいる消費税は、できる限り引き下げていくほうがよい。2017年4月の10%への引き上げはもちろん取りやめるとともに、5%、あるいはそれ以下の税率に引き下げてほしいものだ（GDPを1500兆円にする方法③については、本書のStep3で詳しく論じる）。

GDP1500兆円を実現する本物の「3本の矢」

第1の矢	「歴史問題を克服し、大国の責任を果たす」
第2の矢	「資本主義の精神を取り戻し、政府が国民の勤勉さと財産を守る」
第3の矢	「創造的な企業家を育て、未来産業を創る」

日本の経済は、無限に発展できる

アベノミクスの「新3本の矢」では、むしろGDPを押し下げるだけだろう。

「歴史問題を克服し、大国の責任を果たす」「資本主義の精神を取り戻し、政府が国民の勤勉さと財産を守る」「創造的な企業家を育て、未来産業を創る」――。これがGDPを押し上げる本物の「3本の矢」だ。

中国のGDPを逆転することも、現在、日本の4倍あるアメリカのGDP（約17兆ドル、約2千兆円）を追い越すことも夢ではない。

今の日本には「脱成長」や「現状維持でいい」という風潮が強いが、まだまだ「坂の上の雲」を描くことができる。明治時代は、

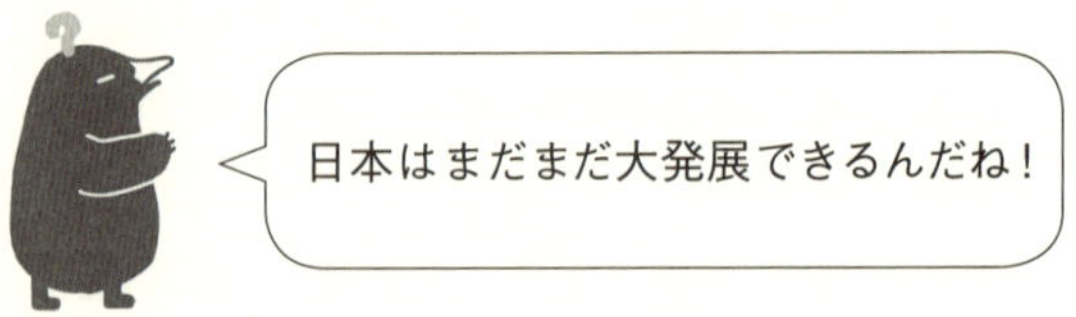

欧米に負けない近代国家を建設することが目標だったが、これからの時代の「坂の上の雲」は、日本が世界の先頭に立って、新しい繁栄のあり方を示すことだ。それは、今までにない豊かなライフスタイルや繁栄した文化であり、人類としてのチャレンジだろう。

政府を挙げて保育や介護の充実に取り組むなんて、あまりにも小さな目標だ。GDPを押し下げる〝努力〟を続けるのは、もうやめにしたい。

日本の経済は、無限に発展できる。GDP3倍、1500兆円を目指そう。

序章のポイント

1

日本のGDPが25年間伸びないのは、「アメリカを追い抜くことへの恐怖」「資本主義の精神へのダメージ」「特に欲しいものがない国民意識」が大きな原因。

2

GDPを本気で伸ばすには、「歴史問題の克服」「政府が国民の勤勉さと財産を守る」「創造的な企業家を育てる」ことが必要。

3

日本は今までにないライフスタイルや文化を創り、世界に新しい繁栄のあり方を示すべき。

【主な参考文献】

大川隆法『奇跡の法』（幸福の科学出版）
大川隆法『国を守る宗教の力』（幸福実現党）
大川隆法『救国の秘策』（幸福の科学出版）
大川隆法、大川裕太『いま、宗教に何が可能か』（幸福の科学出版）
大川隆法『資本主義の未来』（幸福の科学出版）
大川隆法『ＨＳ政経塾・闘魂の挑戦』（ＨＳ政経塾）
大川裕太『幸福実現党テーマ別政策集３「金融政策」』（幸福実現党）
大川真輝『大川隆法の〝大東亜戦争論〟［上巻］』『同［中巻］』『同［下巻］』（中巻は11月下旬、下巻は12月中旬発刊。ともにＨＳＵ出版会）
トマ・ピケティ『21世紀の資本』（みすず書房）

Step1

資本主義の精神を取り戻す
——日本に「自由の革命」を

第1章

戦後自民党政治は「共産主義」だった?

アベノミクスは「規制緩和による経済成長」をうたっていたが、
現実には経済統制が着々と進んでいる。
その背景には、自民党政治の根底に潜む共産主義の問題がある。
日本の発展のためには、この共産主義を思想的に克服し、
真の自由を確立しなければならない。

「携帯電話料金値下げ」指示の衝撃

安倍晋三首相が2015年の秋、携帯電話料金の値下げを指示したことは、業界に大きな衝撃を与えた。

「携帯料金等の家計負担の軽減は大きな課題だ」として、この10年で一家庭で約4割増えた携帯料金を減らし、その分を他の消費に回してもらおうという狙いだとされる。

ただ、携帯料金は公共料金ではなく、各民間企業が決めるもの。政府が口出しすべきものではない。各社は「上から強制されてやることではない」と強く反発。安倍首相のひと言によって、携帯電話大手3社の株価が急落し、数日で3兆円近くが吹き飛ぶという現実的なダメージもあった。

ただ、携帯電話会社は、公共の電波を政府から借りて事業を展開している。大手3社などの寡占状態であることは間違いなく、そのため料金がつり上がっている面があることも事実だ。上から強制されずに値下げをするにはどうすればいいのだろうか。

これについては、「電波オークション（競売）」を実施すれば料金が下がるということが業界では常識だ。先進国では電波をオークションにかけ、最も高い利用料を提示した企業に売っている。新しいビジネスチャンスが生まれ、新規参入する携帯電話会社が増えれば、競争が促されて料金が下がる。

実は、使われていない電波はたくさんある。テレビ局は安い利用料で電波を借りているが、ほとんどが使われていない状態だ。これを競売にかければ、公共の電波が有効に利用されることになる。

つまり、電波利用の規制緩和を行えば、携帯料金は下げられる。同時に、テレビ局の既得権益を打ち破ることにもなる。

規制緩和は、アベノミクスの「旧3本の矢」の3番目に掲げていたものだ。これを2015年9月に発表した「新3本の矢」では捨ててしまった。安倍首相は思い切った規制緩和はもはや難しいと判断したと見ていいだろう。

大企業に賃上げを要求した政府

安倍首相は、アベノミクスの成否のポイントが、企業が社員の給料を上げるかどうかにあると見て、財界に繰り返し賃上げを求めている。

これに呼応して、甘利明経済再生担当相は以前、「賃上げしないと恥ずかしい企業だという環境をつくりたい」と語った。２〜３％以上の賃上げをした企業にだけ法人税を安くする一方、業績がよくても社員に還元しない企業は社名を公表するという「アメとムチ」作戦を展開するとまで述べていた。

確かに、日本のサラリーマンの平均年収は１９９７年の約

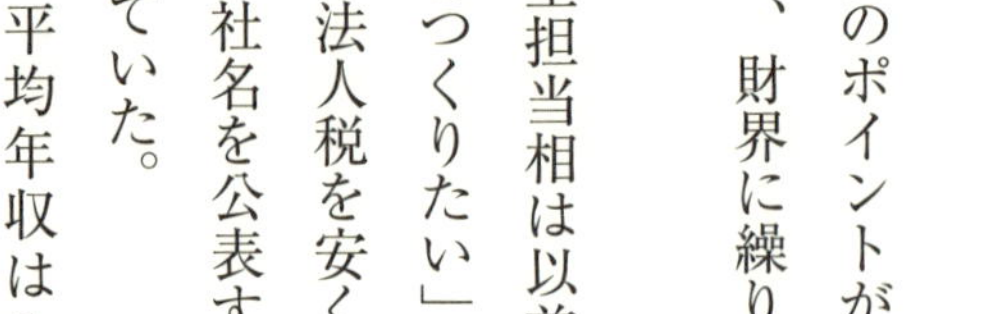
安倍さんは企業への
「ああしろ、こうしろ」が多いね。

467万円から2012年の408万円へと減りつづけた。一方で、国内の企業（金融・保険業を除く）は、設備投資などに使うための内部留保を合計で約354兆円持っている（2014年度）。「じゃあ、それを社員に回してくれ」と、安倍首相らが狙いを定めたというわけだ。

価格は市場で決まるもの

ところで、「企業の内部留保を社員の給料に回せ」と言いつづけてきた政党がある。〝労働者の味方〟共産党だ。

2013年10月の国会では共産党議員が安倍首相に対し、もっと強く企業側に内部留保の取り崩しを求めるよう迫った。安倍首相は「今までも内部留保の活用について（財界に対し）言及したことがある。これからもお願いしたい」と答えた。

豊富な内部留保を攻撃し、「大企業がいかに悪い奴らか」を主張してきた共産党と〝意気投合〟していたのだ。

安倍首相の「左旋回」ぶりは、労働組合の幹部からも、「日本は政府が賃上げに介入するような社会主義体制ではない」と批判されるほどだった。

当たり前の話だが、賃金と言っても、それぞれの人が提供する仕事の「価格」なので、市場での需要と供給で決まる。景気がよくなり、求人が増えたら、賃金は上がり始める。「景気がよくなる前に、先に給料を上げましょう」というのは原因・結果が逆転している。

企業の内部留保は、単に「余ったお金」とか「強欲に貯め込んだお金」ではない。新たな事業展開のための元手なので、政府に言われて社員に配るようでは、あまりいい経営者とは言えないだろう。

政府による価格統制は自由の否定

20世紀に自由の哲学を説いた経済学者ハイエク（1899〜1992年）は主著『隷属への道』で、政府が価格を統制することについてこう指摘した。

「生産と価格に対する統制によって得られる権力は、ほとんど無制限のものである」

「（政府当局者が）前もって報酬を定めるということは、具体的に人々の参入を禁止するのとほとんど同じくらいに、職業参入への障害をつくることになる」

どういうことかというと、例えば、政府当局者が美容師の月給を30万円にすると決定したとする。ある美容院が1００万円の人件費で新しい美容師を採用しようとして、たくさんの応募があっても3人しか採れない。そのとき、美容院が「月給は25万円にしよう」と決められたら4人採用できるが、政府が決めた「障害」によってできない。つまり、美容師1人が「職業参入」できなかったということになる。

先の携帯電話料金に対する「統制」も同様だ。携帯電話会社に対し、「月々いくら以下の電気料金が望ましい」ということを政府が決めるようになれば、実質的な公定価格ができ、自由競争を妨げるので、それ自体が新規参入を阻むものになってしまう。

ハイエクは『自由の条件［Ⅱ］ 自由と法』でこう述べている。

「価格統制を有効にするには、数量統制によるしかない。つまり、特定の個人あるいは企業に、どれだけ購入または販売を許可するかについて、当局の側の決定によるしかない」

「当局にそのような権力を認めることは、結局、何が、だれによって、だれのために生産されるべきかを、恣意的に決定する権力を当局に与えることを意味する」

政府が介入して全国的に企業に賃金を無理やり上げさせたら、失業を生み、職業選択の自由を奪う。価格の統制は、経済全体の統制へと向かう。安倍政権には、それを自分たちがやっているという自覚はないようだ。

大川隆法・幸福の科学総裁は、２０１４年1月の法話「『忍耐の法』講義」の中でアベノミクスと消費税増税に関してこう述べた。

増税すれば景気がよくなるという経済戦略を立て、一内閣で2回の増税に耐えて、これでもし成功したら、確かに歴史的な成功だと思います。社会主義ができなかったことを、ウルトラ社会主義として成功したことになります。

安倍首相はシンプルに〝善意〟から携帯料金値下げや賃上げの運動をやったのかもしれない。しかし実際には、この行動は「ウルトラ社会主義」であり、共産党とほとんど変わらない領域に踏み込んでしまった。

「3本の矢」の元祖は幸福実現党

振り返れば、アベノミクスが始まって1年経った時点で、すでに本来の景気回復、成長軌道復帰とは違う方向に向かっていたようだ。

2012年に発表されたアベノミクスは「3本の矢」があるということになっていた。簡単に言えば、①日本銀行がお金をたくさん刷って（金融緩和）、②政府がインフラ補修など公共事業を行う（財政出動）。③規制を緩和して企業が新規事業を始めやすくし、新しい商品やサービスを生み出すというもの（規制緩和による成長戦略）。

多くの国民には知られていないが、幸福実現党は2009年5月の立党時から、これらの経済政策を掲げていた。

同党は、その年の衆院選での公約に、①3％程度のインフレ目標など大胆な金融緩和、②交通・都市インフラなどへの大規模投資、③農業・医療・建築などの抜本的な規制緩和と大減税——を盛り込んだ。

2010年の参院選の公約では、これらの3つの政策を分かりやすく図表に整理して示した（左ページ）。自民党が「3本の矢」を言い始めたのは、安倍氏が総

幸福実現党は立党時から３本柱の経済政策を掲げていた

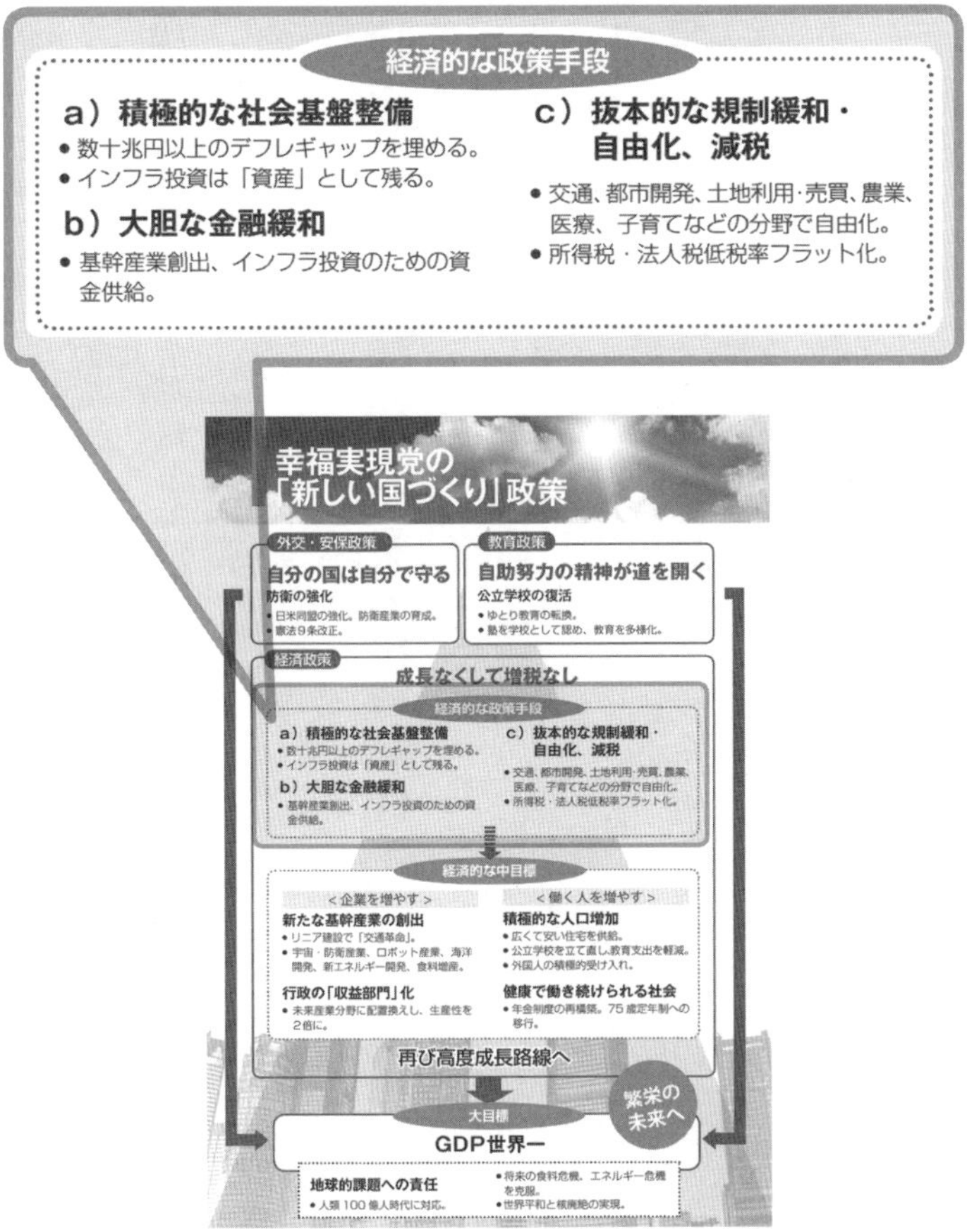

幸福実現党は09年の立党時から「３本の矢」に当たるものを打ち出しており、①インフレ目標など大胆な金融緩和、②交通インフラなどへの大規模投資、③抜本的な規制緩和と大減税、を訴えていた。2010年の参院選の公約では、分かりやすく図表に整理して示した(上)。

裁に復活したすぐ後の２０１２年11月からだ。

もちろんいい政策はどんどん実行してもらって構わない。ただ、そこに込められた願いや目指すものを理解していないから、行き先が分からず、現在のように迷走してしまう。

抜本的な規制緩和で企業の投資を促す

幸福実現党の経済政策は何が狙いだったのか。

２００８年のサブプライム・ショック（注１）以降、アメリカやＥＵの企業は巨額の借金を抱え、その返済に懸命になった。企業がお金を借りて積極的に新しい事業を始めようとしない、いわゆるバランスシート不況（注２）が世界を覆った。

仕方がないので「政府が借金して公共事業をやりましょう」ということが、アメリカや中国などで大々的に行われた。

経済学で言えば、不況の緊急時に財政出動で一国の経済を支えるケインズ経済学のやり方だ。１９２９年の大恐慌後、アメリカのルーズベルト政権やドイツのナチス政権で実行され、不況を退治した実績がある。

日本の場合、１９９０年のバブル崩壊以降の20年以上、ほとんどの政権がこの手法を採りつづけてきた。

ただ、日本の多くの企業はその借金返済を２００５年あたりには一通り終えていたという。やっと身軽になって、「さあ、これからだ」という時に、サブプライム・ショックが世界を襲った。現在の日本の企業は、３５０兆円以上の内部留保を持ちながら、立ちすくんでいる。

幸福実現党は企業にそのお金を日本国内で思い切って投資してもらうために、アベノミクスの「第3の矢」に当たる抜本的な規制緩和を提案したのだった。

（注1）サブプライム・ショック　アメリカで住宅購入用のサブプライムローン（返済能力

が低い人たち向けのローン）が不良債権になり、返済不能になったことをきっかけに、連鎖的に金融危機が起き、世界に波及した問題。

（注2）バランスシート不況　企業の資産価値が暴落するなどして、「資産」と「負債」のバランスが悪くなると、企業は収益を上げてもそれを借金の返済に充てるようになる。そうして、設備投資や消費にお金が回らなくなった結果として起きる不況。

アベノミクスは「1・5本の矢」止まりだった

規制緩和の具体例としては、例えば、農家に生まれなければ農業をやるのが難しい「身分差別」を打ち破る農業参入自由化。多様なサービスを認める医療分野の自由化。非効率な土地・空間利用のため住宅水準が低い都市部の大改造。所得税・法人税の低税率フラット化（注3）などだ。

これらは、ケインズと並ぶ20世紀の代表的経済学者、ハイエクとシュンペーター（1883～1950年）の考え方に基づく。ハイエクは、政府が市場に介入すると人間の自由が失われると説いた。シュンペーターは、イノベーションを起こす企業家についての理論を構築した。

安倍政権は、こうした「第3の矢」に一部取り組もうとしたが、業界団体や官僚組織にことごとく跳ね返された。

結局、アベノミクスは、第1の矢である金融緩和を行ったが、第2の矢である財政出動については、防災のための「国土強靭化《きょうじん》」の公共事業のところでストップしてしまった。インフラの補強では、交通革命までは起こらないので爆発的な経済効果を生むわけではない。結局、アベノミクスは金融緩和と中途半端な財政出動という「1・5本の矢」止まりだった。

これは中国共産党のやり方と極めて近い。彼らはサブプライム問題以降、それまでの何倍もの量のお金を刷りまくって、不動産投資をひたすら拡大した。残念ながら、やはり自民党は「共産党」と変わらない。

（注3）フラット化　累進課税と異なり、各人の所得等に関わらず、税率を一律にすること。

戦後の日本は「共産主義」だった

戦後の自民党は、「弱い立場の人たちが正しい」という政策を柱にしてきた。農業への企業の参入を頑《かたく》なに排除し、共産中国の毛沢東が始めた人民公社のような農協組織を守りつづけてきた。

また、自民党は「国民の大多数は愚かで将来設計ができないから、代わりに考えてあげよう」という、〝善意〟も政策の柱にしてきた。

公的年金は、厚生労働省の年金課長や年金局長が計算した金額でもって、全国民が老後の生活を成り立たせていこう、という不思議な制度だ。なぜ一役人が1億数千万人の生活に対して、数十年後までも責任を負えるのだろうか。そんな仕事ができたら、〝人類史上最高の天才〟だろう。

戦後の自民党が目指してきたのは、公務員のように、税金で全国民の面倒を見ようという社会だ。悪く言えば、国民をペットのように飼い慣らす社会だ。ところが、その結果は、目も当てられないことになった。これから国民に払う予定の年金は合計で約1千兆円も足りず、消費税を今後20％、30％、40％と引き上げてかき集めるしかない。

年金制度を続ければ続けるほど、「貧しさの下の平等」が展開する。やはり自民党は、根底で共産党と同じものを目指している。アベノミクスが、金融緩和や財政出動ができても、民間の自由を高める規制緩和ができなかったのは、「お上」がすべてを統制する共産主義的な発想のためだろう。

自由と自助努力が幸福な人生を開く

一見、自民党と同じような「3本の矢」を掲げていても、幸福実現党が目指すものは、180度異なる。その違いは、「何が人間の幸福なのか」をめぐる違いだろう。

幸福実現党総裁でもある大川総裁は、前出の「『忍耐の法』講義」でこう強調した。

今後考えねばならないことは、もう一度、セルフヘルプの精神、自分自身をつくり上げ成長させる精神と、経済繁栄の力を連結させて育てていくことを忘れてはならないということです。

人はなぜこの世に生まれ、生きるのか。それは、この世とあの世を貫いて永遠に存在する自らの魂を成長させるためだ。

そのためには、どんな境遇からでも、セルフヘルプ（自助努力）の精神で道を切り開くことが大切になる。

「各人が努力に見合った、幸福な人生を送ることができ、自分を変え、社会を変え、未来をも変えていける国をつくりたい」というのが幸福実現党の願いだ。個人や企業が智慧を絞り汗をかき、どこまでも豊かになっていけるよう、妨げになる制約は取り払い、自由の領域を広げるべきだ、というのが本来の「第３の矢」の趣旨だ。

国民の〝面倒を見る〟のは、厚労省の大臣や役人ではなく、成功した事業家、企業家であるべきだということになる。

共産主義とアベノミクスの二兎《と》を追う矛盾

共産党との絡みで言えば、幸福実現党は、「マルクスの『共産党宣言』を永遠に葬り去る」ことを目指している。

「共産党」を葬るわけではない。『共産党宣言』に盛られた考え方に基づく国家

日本の戦後政治は『共産党宣言』の内容に近い

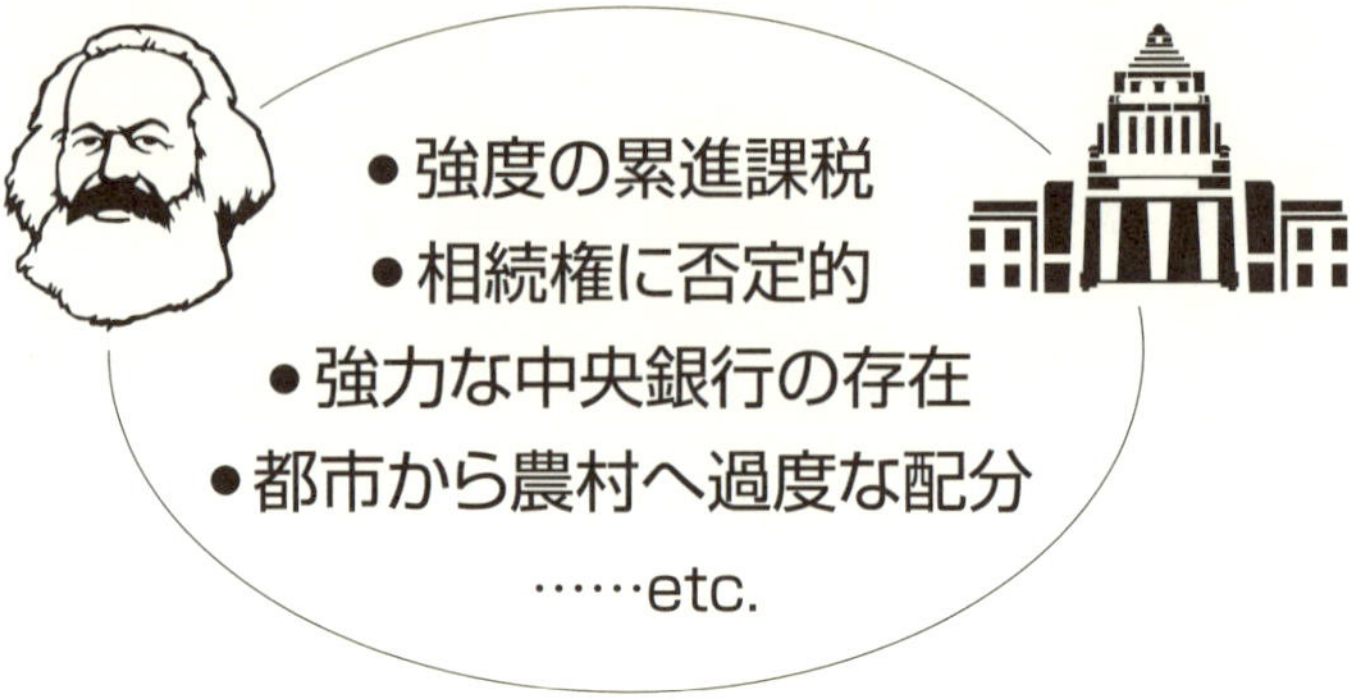
●強度の累進課税
●相続権に否定的
●強力な中央銀行の存在
●都市から農村へ過度な配分
……etc.

運営を葬り去るということだ。

マルクスは１８４８年に出した同宣言の中で、「共産主義者は、その理論を、私有財産の廃止という一つの言葉に要約することができる」と書いた。そこに至るための手段として10項目を挙げているが、かなりの部分が戦後の日本で実行されてきた。

例えば、「強度の累進課税」は、全面的に導入された。所得税・住民税を合わせると最高税率は70年代で93%、80年代で80%弱。「がんばって働くほど損をする」という恐ろしい税制だ。

「相続権の廃止」は相続税１００％を意味

するが、最高税率75％が戦後の長い期間続いた。こうした税制には、私有財産を奪い尽くす考え方が明確に入っている。

「国立銀行によって信用を国家の手に集中する」という項目もある。日本郵政の貯金・保険事業は、世界最大の金融機関。郵政民営化はなされたが、その後、政治の関与を強く残す形に見直されている。また、日銀に紙幣発行の権限を集中させていることも、この項目に当てはまる。

「農業と工業の経営を結合し、都市と農村の対立を次第に取り除く」という項目も、都市民の税金を農家保護に注ぎ込むことで実行した。

前出のシュンペーターは著書『資本主義・社会主義・民主主義』で、社会主義の兆候を列挙した。それは、「すべての形態の社会保障」の充実のほか、「所得再配分を目指した税制」「労働市場に対する統制」などだ。どれも自民党政治の現実を表している。

自民党には実は、共産主義、社会主義の考え方がしっかりと根づいている。その意味で安倍政権は〝原点〟に戻ろうとしている。

したがって、幸福実現党が「共産党宣言を葬り去る」というのは、戦後の自民党政治の何割かをごっそり入れ替えることを意味している。

その点から考えると、実態が社会主義的な自民党は、自由主義的な幸福実現党の経済政策を下敷きにした自身のアベノミクスの〝破壊力〟に耐えられなくなったということだろう。

マルクス思想の払拭《ふっしょく》こそが「第3の矢」の本質

本来の「第3の矢」の政策を推し進めることは『共産党宣言』を葬ることにつながる。だが、それを実行するのは、そう簡単なことではない。

マルクス思想の影響は、日本の教育、マスコミ、官庁、政党、そして国民一人ひとりの心の中に及んでいる。そのため日本には、成功者やお金持ちを尊敬するどころか、「機会があれば引きずり降ろしたい」という嫉妬を当然とする風潮がある。

この国民的な意識を変えることが、本来の「第3の矢」のターゲットだ。となると、「第3の矢」は経済政策でもあるが、啓蒙や教育によって一人ひとりがどう思い、行動するように促すかという問題でもある。

その啓蒙・教育の仕事をやり抜こうとしたのが、イギリスのサッチャー元首相（在任1979～1990年）だろう。

「私の仕事は、イギリスが共産主義に向かうのを防ぐことです（My job is to stop Britain going red.）」

就任前からそう決意していたサッチャー氏がやったのは、マルクスが19世紀のロンドンで見たのとそう変わらないイギリスの階級社会を終わらせることだった。

そのために貧しい階層の人たちも、国営企業の民営化で株式を持ったり、公営住宅の払下げで持ち家を所有できるようにした。つまり、労働者ではなく、「資本家」を数多くつくろうとした。企業の利益と社員の給料が連動するシステムの導入も試み、労働者を「企業家」の意識に変えようとした。

一部の人たちの特権となっていた証券業や不動産取引、バス事業などについて参入を大幅に自由化し、階級社会の土台を突き崩した。

今必要な「心と魂の変革」

サッチャー氏は「心と魂の変革」を訴え、マルクス思想に染まった国民の意識を変えることを目指した。

マルクス思想の特徴は、①「自分は搾取されている」という被害妄想、②「だからお金持ちから奪い取っていい」という嫉妬心の正当化、③この世で報われることを絶対視する唯物論——の3つだろう。

サッチャー氏はこの考え方に染まったイギリス国民に対し、自助努力の道を訴えるとともに、宗教心の大切さを教えた。

「お金持ちを貧乏にしても、それで貧乏な人がお金持ちになれるわけではありません（The poor will not become rich, even if the rich are made poor.）」

「お金は天から降ってきません。自分でこの世で稼がなければなりません（Pennies don't fall from heaven, they have to be earned here on earth.）」

「経済は手段にすぎません。目的は心と魂を変革することです（Economics are the method; the object is to change the heart and soul.）」

サッチャー改革は、幸福実現党が当初から掲げた「第３の矢」に極めて近い。

ただ、それが実を結び、イギリス経済が本格的に復活したのは１９９０年の首

「魂の変革」を国民に教え、マルクス主義と闘ったサッチャー氏。

相退任後、数年経ってからだった。国民がやる気になり、会社を立ち上げ、十分稼げるようになるまで、10年以上の歳月が必要だったわけだ。

首相在任中は、福祉予算削減や民営化のために直接的に不利益を受けた人たちの反発が強く、常に批判の嵐の中にあった。政治家としては、労多く、報われるところが少なかった仕事かもしれない。

日本で同様の仕事をやろうとしても、おそらくマスコミや一部の国民の反発が強烈になるうえ、すぐには報われないものになるだろう。

しかし、日本より十数年遅れてバブル経済が崩壊したアメリカやEUでも、遠からず、本当の「第3の矢」が必要になる。その時、日本人の多くが「心と魂を変革」し、自助努力の道を実

人から奪うんじゃなく、自分でがんばって稼ぐ……これは「魂の変革」だね。

践しているならば、日本が世界を引っ張るリーダーとなるはずだ。

第１章のポイント

1
アベノミクスは、共産党の主張と変わらないものに変質した。

2
自民党政治の実態は、国民の生活を政府が設計する共産主義だった。

3
サッチャー元英首相のように、国民の共産主義的発想を変えることこそ必要。

【主な参考文献】

大川隆法『忍耐の法』（幸福の科学出版）
大川隆法『忍耐の時代の経営戦略』（幸福の科学出版）
『ハイエク全集1―6　自由の条件［Ⅱ］　自由と法』（春秋社）
F・A・ハイエク『隷属への道』（春秋社）
マルクス、エンゲルス『共産党宣言』（岩波文庫）
三橋規宏『サッチャリズム　世直しの経済学』（中央公論社）
J・A・シュムペーター『資本主義・社会主義・民主主義』（東洋経済新報社）

第2章

「自由の大国」を目指して

共産主義では、一部の国家エリートが民間の活動を支配する。
日本でその思想が強いのは、
西洋で発展した近代的「自由」が根づいていないからだ。
歴史を振り返って自由の意義を考えるならば、
日本に残る「お上意識」は克服すべきものであることが分かる。

アベノミクスは「自由の創設」につながるか？

消費税増税の日本経済へのダメージがこれほどまで深刻とは、安倍晋三首相は予想していなかっただろう。

安倍政権は２０１４年４月、消費税を５％から８％に上げた。その結果、２０１４年度は１年間通じてマイナス成長になり、２０１５年度に入ってからもそれは続いた（４～６月期）。

安倍首相は２０１４年11月、消費税の10％への増税はいったん延期する一方、２０１７年春には必ず実行すると決断した。同時に、その決断について国民に信を問うとして、衆院解散に打って出た。この時の安倍首相の姿は、堂々とし、自信に満ちたものだった。

「代表なくして課税なし、アメリカ独立戦争の大義です」

これは、安倍首相が衆院解散を表明した記者会見での発言だ。イギリスが当時その植民地だったアメリカに一方的に印紙税や関税を課したことに対し、アメリカの入植者たちが政治参加を求めて立ち上がった歴史を引き合いに出して、選挙の正当性を訴えたのだった。

アメリカ独立戦争については、政治哲学者のハンナ・アーレント（1906〜1975年）が、「政治の最高の理想」として高く評価した。イギリス本国が理不尽な重税や法律を押しつけたのに対し、自分たちの運命を自分たちで決めるという「自由の創設」を行い、公的幸福を創り出したためだ。アーレントは、政治参加し、自分たちの手で憲法や法律、税制を決めることは、国民としての尊い行為であることを力説した。

安倍首相は、2014年の解散総選挙の大義について、アメリカ独立戦争を引き合いに出して説明した。本当にアメリカ革命のような大義はあったのか。絵はアメリカ建国の父で初代大統領のジョージ・ワシントン。

一方、アーレントはフランス革命やロシア革命などについては、貧困からの解放を求めた反乱にすぎず、自由を創設できなかった失敗した革命だと判定した。

では、安倍首相の場合はどうなのだろうか。アベノミクスや、消費税をめぐる決断、先の衆院選は、「自由の創設」につながるものだったのだろうか。

安倍政権は、成長戦略としての「第3の矢」がなかなか打ち出せなかった。規制緩和などによって人々のやる気や努力を引き出せれば、新しい商品・サービス・事業が次々と生み出され、繁栄をつくり出すことができる。しかし、安倍政権の「第3の矢」は2012年末からの約3年、業界団体と自民党と役所が手を結んだ「岩盤規制」に跳ね返された。

法律や規制を減らし、自由を拡大するのが「自由の創設」

「岩盤」を破るポイントは、農業や医療、教育などの分野で新規参入を認められるかどうかだ。

いずれの分野も新規参入のハードルが極めて高い。例えば農業では、株式会社が農業に参入しようとしても、その会社の役員が「年に60日以上、農作業をしなければならない」という馬鹿げた規制がある。「トヨタの社長に週1回、工場で組み立て作業をしろ」と命じているようなものだ。

新しく漁業を始めたいと若者や民間企業が考えても、江戸時代からの伝統で、漁業権は地元の漁協の組合員に優先的に与えられており、入り込む余地はほとんどない。人気の回転寿司チェーンが漁業に参入して、生産・加工・流通を一体として営んでもいいはずだが、これも簡単なことではない。

医療は、政府がサービスの価格や量を決め、新規参入も厳しく制限する「統制経済」となっている。教育は私立学校であっ

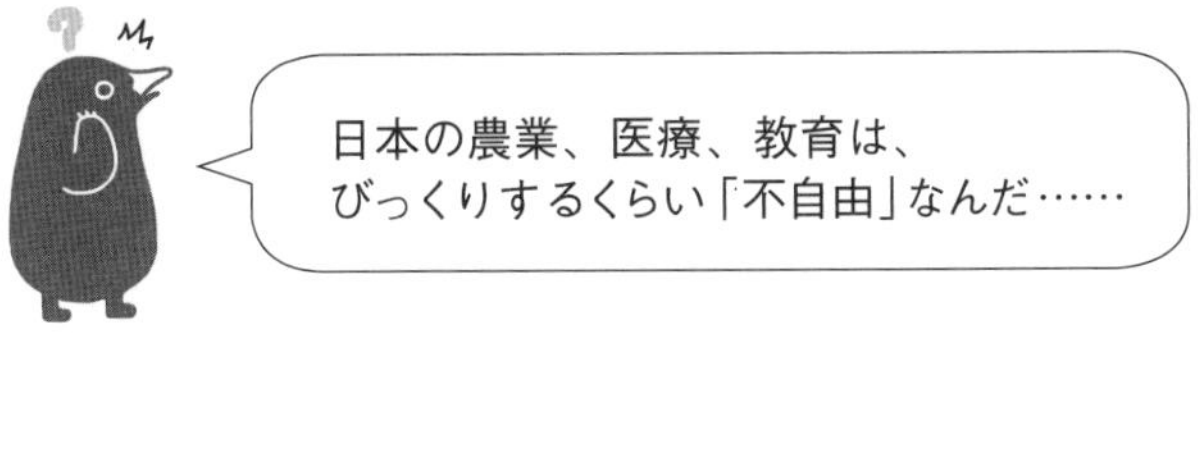
日本の農業、医療、教育は、
びっくりするくらい「不自由」なんだ……

ても、役所が細かく口を出せる。保育園に入れない待機児童が全国で2万3千人以上いるのは、民間企業の新規参入を積極的に認めないいためだ（横浜市では株式会社の参入を積極的に認めたため、2013年に待機児童ゼロを達成したが、この方式が全国に広がるまでにはなっていない）。

こうした法律や規制をどんどん減らし、自由を拡大するのが「自由の創設」だ。さまざまな参入規制をなくしていけば、農林水産省や厚生労働省、文部科学省は最終的に廃止しても構わなくなる。

法律は必要最小限のルールであるべき

経済学者ハイエクは、最低限のルールを事前に決めて、そこからはみ出さなければ何をやっても構わないという「法の下の自由」を唱えた。そのルールは、特定の人たちや企業だけを優遇するものではなく、誰にでも当てはまる普遍的な法

（ノモス）であるべきだとした。

この考え方に基づけば、法律というのは、車の流れをスムーズにする交通ルールや、植物の成長の邪魔になる要因を取り除く「樹木の剪定《せんてい》」に近いものとなる。この結果、どの車に対しても同じルールが適用されるので「機会の平等」が保障される。「剪定」が適切に行われれば、企業が「自由」に成長していくことができる。

「法の下の自由」を説いたハイエク。

ハイエクの考えを実行すれば、省庁で最終的に残るのは、法務省や外務省、防衛省、それに総務省と経済産業省の一部ぐらいになるだろう。

最も予算の多い厚生労働省がなくなるのは、大変なことのように思えるが、日本の歴史上、厚生労働省がない時代のほうがはるかに長い。例えば江戸時代は、

「生活に困った人に対して、現物支給の生活保護と仕事の口を与える」という2つのことだけをやっていた。

「現物支給の生活保護」は、天災や飢饉の時に幕府や藩が設けた「お救い小屋」だ。貧窮した人たちはひとまずそこに行けば雑炊にありつくことができた。これは、現代のアメリカでも当たり前に行われている。生活保護としてフードスタンプが配られ、スーパーに行くと食べ物と交換できる。

「仕事の口」で有名なのは、老中・松平定信《まつだいらさだのぶ》による寛政の改革で設置された佃島《つくだじま》の人足寄場《にんそくよせば》だ。飢饉などの時に地方から江戸に流れてきた元農民や浮浪者を収容。大工などの職業訓練を施して手に職を付けさせた。

現物支給と仕事の口を与えるだけなら、今のような膨大なコストがかからないし、透明性が高い。だから、呼びかけたら多くの寄付が集まるだろうし、「手伝いたい」というボランティアもたくさん出てくるだろう。これで公的年金は抜本的に見直すことができる。

後ほど詳しく述べるが、公的年金の積立金は、本来残っているべき金額の８、９割はなくなってしまっている。いつか国民から糾弾されることになるが、その時は「現物支給の生活保護と仕事の口」が社会保障制度の中心的なものになるだろう。

近代の福祉国家は、「働かない人のほうが働いている人よりもいい生活ができる」といういびつな状況を生んでいる。厚生労働省をなくすことによって、それを終わりにすることができる。

安倍政権は、残念ながら、特定の集団を保護する法律や規制を強固に守っている。また、すでに成り立っていない社会保障を無理やり維持しようと、消費税を増税して誤魔化している。安倍自民党は、「自由の創設」を阻む側に立ってしまっていると言っていいだろう。

重税を課す政府には「抵抗権」行使もやむなし

アメリカの独立戦争とその後の建国は、17世紀のイギリス人哲学者ジョン・ロックの思想の影響を強く受けていた。

ロックの中心的な思想は、社会契約や主権在民、抵抗権などだ。「生命や自由、財産を守るために、自分たちの政府をつくる。しかし、財産などが守れないなら、抵抗権を行使して、政府をつくり直すことができる」と説いた。独立戦争はこの思想を実践したものだった。

この考え方と安倍首相がやってきたことを比べてみると、どうなるだろう。

安倍首相は、消費税の増税を2017年春には確実にやると宣言し、「わが国の世界に誇るべき社会保障制度を次世代に引き渡す」としている。

では、その日本の社会保障に何が起こっているのだろうか。

日本には、巨大な国営の年金保険や医療保険があるわけだが、国民から集めた

1千兆円以上の資金運用ができず、数百兆円の大赤字を出している。仕方がないから、それを消費税増税で穴埋めしようとしているのが実態だ。

第4章で詳述するが、高齢者に支給する年金額は、現役世代の平均所得から見てありえないほどの高額に達している。それを無理やり続けているということは、明らかに現役世代に対する財産権の侵害にあたるだろう。

また、これも後ほど触れるが、このまま超高コストの社会保障が改められないならば、40数年後には消費税を約70％にまで引き上げなければならない、という試算もあるほどだ。こうした状態をハイエクは「隷属への道」と言い、19世紀フランスの政治思想家トクヴィルは「温和で平穏な隷属」と呼んだ。

もうすでに日本政府に対して、国民の側が「抵抗権」を行使しなければならないところまできている。国営の年金・医療保険をやめて、民間企業でできるようにすれば、国民は自分たちで十分備えができるだろう。

アメリカ入植後6年でハーバード大学を建てた気概

「自分たちの運命を自分たちで決めよう」という「自由の創設」は、教育が土台になって築かれるものだ。それはアメリカ独立に至る歴史を見れば分かる。

1630年、イギリスで宗教弾圧を受けたピューリタン（清教徒）たちが、北米の新大陸に千人規模で入植した。数年あるいは十数年間は、荒野を開発し、家を建て、道路や街をつくり、生きていくのが精いっぱいの日々が続いた。だが、そのさなかに彼らは大学をつ

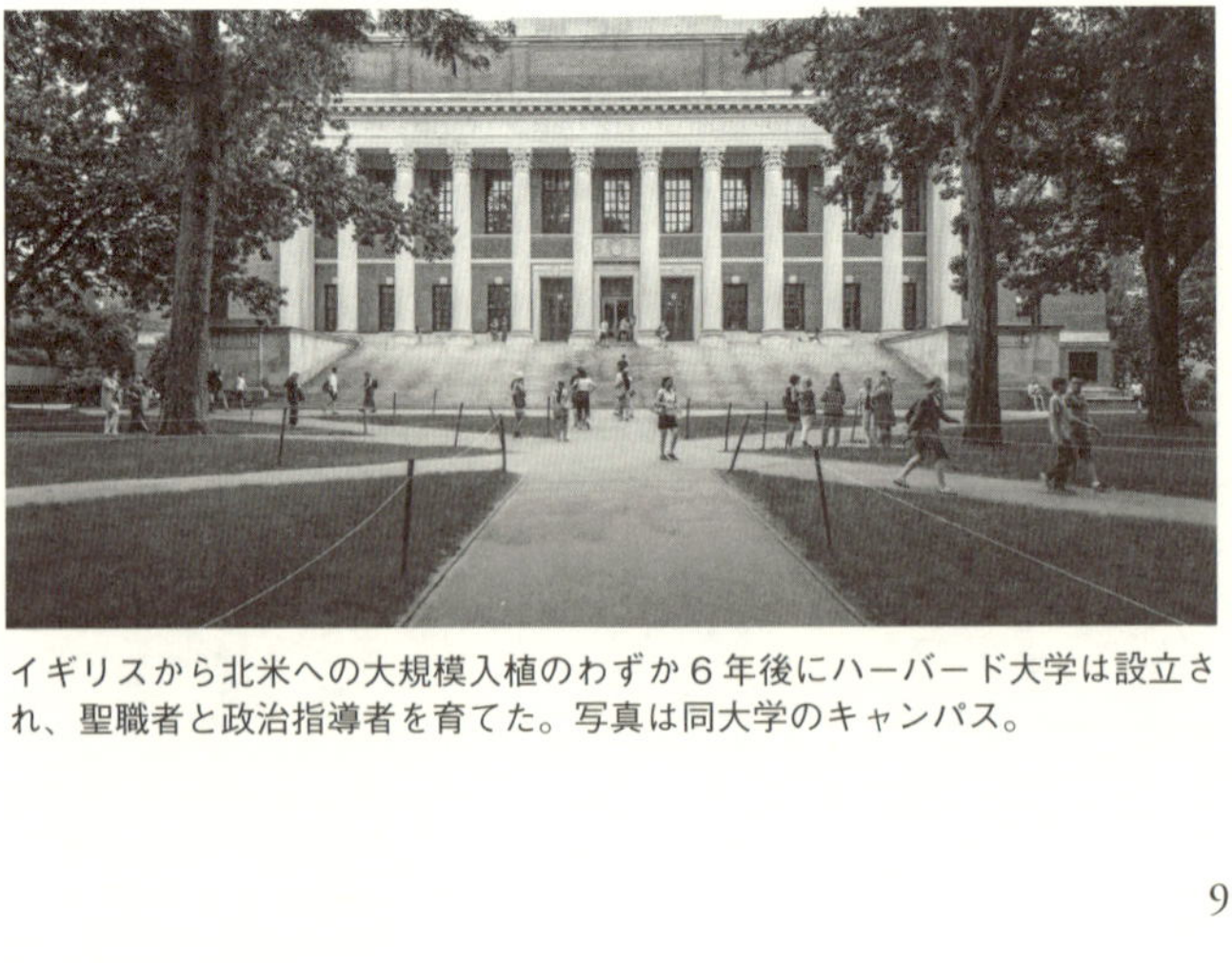

イギリスから北米への大規模入植のわずか6年後にハーバード大学は設立され、聖職者と政治指導者を育てた。写真は同大学のキャンパス。

くった。今でも世界最高峰とされるハーバード大学が設立されたのは、入植の6年後だ。

彼らの多くはイギリスではジェントリーやヨーマンと呼ばれた独立自営農民で、地方の政治にも積極的に無給で参画していた。オックスフォードやケンブリッジなど名門大学の卒業生も含まれ、インテリ層も多かった。イギリスで宗教弾圧に遭《あ》い、信教の自由が守られる新しい国づくりに燃えていた。

だから、大学の設立を優先したのは、聖職者と政治的リーダーを育てるためだった。自分たちの蔵書を寄付したり、ロンドンから本の輸入を続けたりして高等教育のための環境を整えた。当時の大学の教育は、「あらゆる問題についての総合的な判断力」「幅広い視野で議論したうえでの決断力」「優れた体力」を目指したもの。現在のアメリカの高等教育も、ほとんど変わらないものだと言える。

ハーバード大学など各大学で、幅広い教養を身につけ、判断力・決断力のある人材が養成され、その人々が１４０年後の独立戦争の指導者となっていった。大統領となったアダムズ、ジェファーソン、マディソンらはみな、アメリカの高等教育を受けて才能を開花させた人たちだ。アメリカの建国は、入植直後からたくさんの大学をつくったからこそ可能になったと言っていいだろう。

大学設立を最優先したアメリカ移民には、「ピューリタンの国をつくるんだ」という強い宗教的使命感があった。また、社会や国家のために奉仕していこうというノーブレス・オブリージ（高貴なる義務）の精神があった。もともとイギリスのジェントリーやヨーマンたちは、世の中で起きることは自分たちの責任だという自覚を持ち、社会のために自分たちの利益を犠牲にしてでも行動する気概を持っていた。そういう人たちがアメリカにやって来ていた。だからこそ「自由の創設」が可能だったし、勇気を持って「抵抗」もできた。

ところで、2014年10月に安倍政権として、「不認可」の判断を下した「幸福の科学大学」は、宗教的使命感とノーブレス・オブリージの精神を持ち、世界に奉仕する人材を育てようという大学だ（ハッピー・サイエンス・ユニバーシティとして２０１５年４月、千葉県に開学）。

アメリカ独立は「自由の創設」の実例だ。一方の安倍首相はその反対のことをしようとしている。やはり安倍首相は、選挙の大義に触れる中で、アメリカ独立戦争を持ち出してはいけなかった。

正しい宗教教育は国家の成長戦略となる

ハッピー・サイエンス・ユニバーシティ（ＨＳＵ）創立者の大川隆法・幸

2015年４月に開学したハッピー・サイエンス・ユニバーシティ（HSU）もまた、宗教的使命感とノーブレス・オブリージ（高貴なる義務）の精神を持った人材を育てようとしている。

福の科学総裁は、栃木県と滋賀県で2校開学している、幸福の科学学園中学・高校で重視する宗教的な考え方の一つとして、ノーブレス・オブリージを挙げている。

「周りからエリートとして認められるような人には、高貴なる義務が伴うのだ。やはり、人間は自分のためだけに生きてはいけない。世の多くの人たちから尊敬され、認められれば認められるほど、世の中のために尽くさなければならないのだ」ということを（同学園では）教えています。

これは、古い言葉で言えば、日本の武士道精神かもしれませんし、ヨーロッパ的に言えば、騎士道精神かもしれません。いずれにせよ、「日本のために、世界のために、何かをお返ししていこう」と思う人たちをつくっていきたいと願っているのです。

（『教育の使命』より）

「宗教がバックボーンとなっている学校教育や、宗教教育を受けた人たちが、この国の政治や経済を担っていく」ということは、素晴らしいことでなければいけません。

同時に、そういう教育を受けた人たちは、「この国を超え、他の国の人たちをも助けていこう」という高い志を持たなければいけないと思います。私は、そうした、高い志と強い情熱を持った子供たちを育てていきたいのです。

（『教育の法』より）

同学園中学・高校（栃木県那須郡那須町）では、創立わずか4年余りでその〝果実〟が現れている。２０１４年3月に卒業した2期生は東大に２人、早大・慶大に計29人が合格した。２０１５年3月に卒業した3期生は、東大２人、京大２人、早大・慶大に計34人が合格した。

部活動では、チアリーディング部が中高ともアメリカでの国際大会に出場し、中学が優勝、高校が準優勝した。

こうした文武両道の実績は、宗教教育によって、「世の中のために尽くす」人材の養成を目指してきた結果だろう。

同学園中学・高校の生徒らの多くが進学するＨＳＵは、アメリカ建国を支えた聖職者や政治的リーダーのような人材を育てようとしている。

それだけではない。ＨＳＵには、人間幸福学部、経営成功学部、未来産業学部の３学部があり、２０１６年４月からは未来創造学部（政治・ジャーナリズム専攻コースと、芸能・クリエーター部門専攻コース）がスタートする。人間の幸福感をどう高めるか。黒字企業をどれだけたくさん生み出せるか。新しい未来産業をどう創り出すか。そしてそれらを政治としてどう支え、未来を創り出すか。それぞれの学部が名前の通りのミッションを果たそうとしている。

これらはまさに国家として持つべき成長戦略だ。この構想に大学不認可という形でブレーキをかけた安倍政権が「第３の矢」の成長戦略でつまずくのは、当然と言えば当然だろう。

「自由」はお上が与える「恩恵」なのか？

安倍自民党だけでなく、役所やその他の政党も含め、日本の政治を司る人たちは、なぜ国民の「自由」にブレーキをかけたがるのだろうか。

おそらく、企業や大学、宗教が自由に活動することについて、「自分たち〝お上〟が恩恵を与えてやっている」と考えているからだろう。

「お上支配」と「自由の大国」

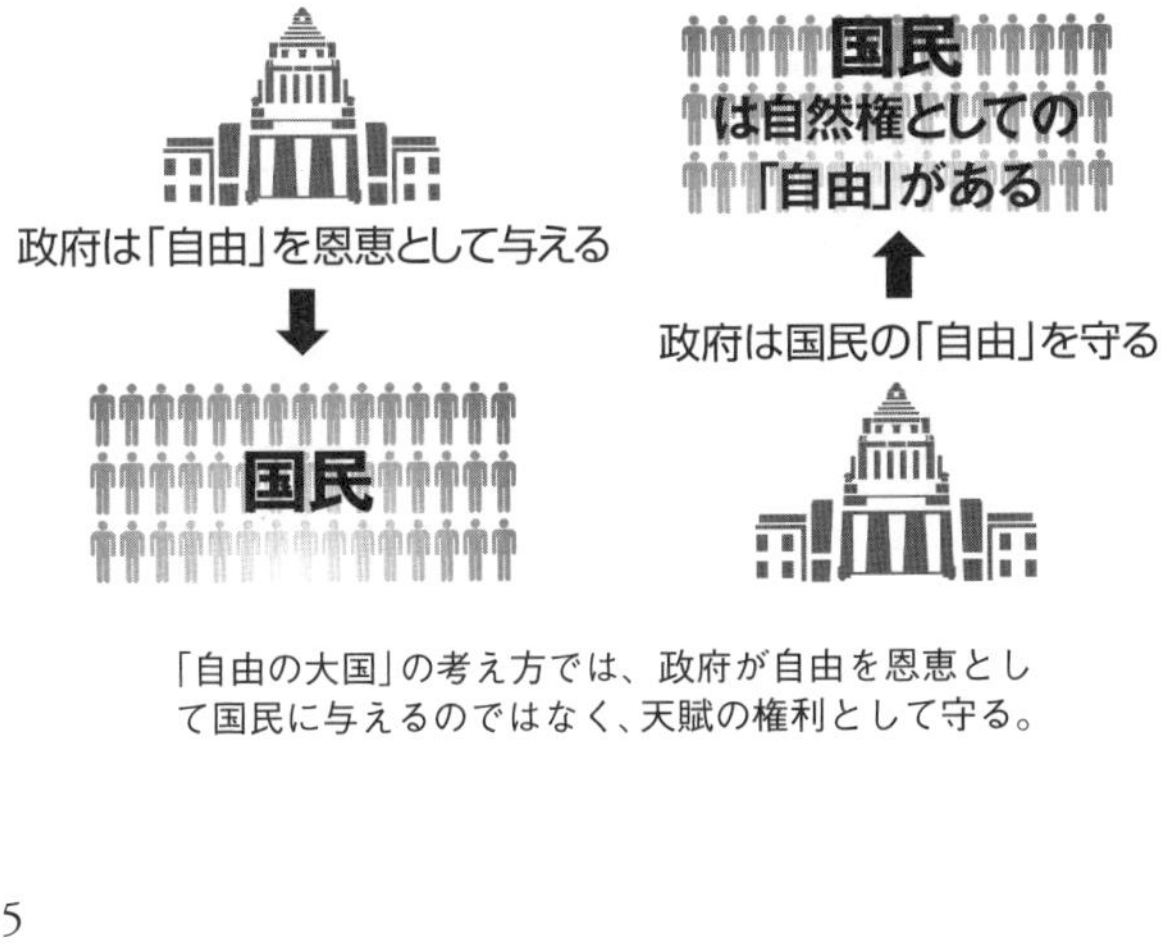
政府は「自由」を恩恵として与える
国民
国民
は自然権としての
「自由」がある
政府は国民の「自由」を守る

「自由の大国」の考え方では、政府が自由を恩恵として国民に与えるのではなく、天賦の権利として守る。

この〝お上意識〟は、日本が古くから、天皇と役人、国民が精神的にも血縁的にもつながる中で発展してきた歴史があるためと考えられる。よく言えば、徳ある天皇や為政者が比較的多かったため、国民の側も「〝お上〟に面倒を見てもらっている」という信頼感がある。一方で、それが悪く出ると、自分たちで自分たちの運命を決めていこうという「自由の創設」や主権在民の考え方が極めて薄くなってしまう。

明治時代に信教の自由の考え方が西洋から輸入されたが、明治政府は宗教に対して、「天皇の政治を助ける範囲で自由を認めてやる」という立場だった。当然、政府がやることを批判する自由はない。政府の方針に合わない場合は、いつでも宗教活動に介入することができた。そのため仏教、キリスト教、教派神道などが弾圧され、事実上、信教の自由は存在しなかった。

この〝伝統〟は平成の今の時代も続いているようだ。私立大学であっても、どのような内容を教えるかは文科省が完全にコントロールしている。

あるいは、戦時経済下で企業の従業員数や給料・ボーナスの額まで政府が決めた「１９４０年体制」の影響も大きいのかもしれない。宗教ばかりでなく、企業も政府の管理下に置き、今に続く日本的な社会主義体制が築かれた。いまだに政府に箸の上げ下ろしまで指導されることが「心地いい」と感じてしまう国民心理ができてしまっている。

やはり日本では、信仰や学問、経済活動などの近代国家としての「自由」や、自分たちの政府をいくらでもつくり変えることができる「主権在民」がまだ確立していないと言わざるを得ない。

憲法には前文などで国民主権がうたわれているが、一方で1章は天皇に関する規定であり、君主制を採っているようにも見える。また、15条2項でも「すべて公務員は、全体の奉仕者であって、一部の奉仕者ではない」と規定されてはいる。しかし、業界団体と一緒になって「自由の創設」を阻む役所の現状を見れば、反対のことをやっていることになる。とても国民に奉仕する公僕（パブリック・サーバント）とは言い難い。

信教の自由がすべての「自由」の出発点

人類が獲得してきた「自由」とは、どういうものだろうか。

17世紀、イギリスのピューリタンたちは、イギリス国教会の宗教弾圧の中、一方でアメリカ新大陸に渡り、一方で国に残って1642年の清教徒革命を起こした。その指導者クロムウェル（1599～1658年）や彼の秘書官となったミルトン（1608～1674年）らの考え方はどんなものだったのか。

クロムウェルは、さまざまな教派が集まった会合で語った。

「我々は神に身を委ね、神が各人に語りかける御声に聴き入らなければならない」

「我々は多くの人々が語りかけてくれるのを聞いたのであるが、それらの人々の言葉を通して、神が我々に話しかけておられたことを認めざるを得ない」

　また、ミルトンは著書『言論・出版の自由（アレオパジティカ）』で、次のようなことを語っている。

「人間は真理の全体像を主の再臨まで知ることはできないため、現在知っていることによって、知らないことを探し求めつづけ、見つけ次第、真理を真理に結合していかなければならない。例えるならば、主の神殿を造営するにあたって、ある者は大理石を切り、ある者はそれを四角にし、またある者は杉の木を切り倒すという作業のようなもので、その中で真理が明らかになってくるのだ」

　クロムウェルやミルトンが語ったのは、「神の子としての人間が語る言葉には、神の心の断片が宿っている。人々が討論を重ねる中で、神の心の全体を推しはかることができる」ということだ。

　これが近代民主主義の出発点となった。重要なポイントは単なる多数決ではないということだ。討論を通じて神の心がどこにあるかを発見するところに、民主主義の本質がある（このためミルトンは民主主義の参加者には「資格」が必要だと考え、それを宗教教育で担保することを考えた。この考え方がアメリカ移民にも受け継がれ、入植直後の大学設立につながった）。

一人ひとりが神の心の一部を表現しているのだから、どの教派にも真理が宿ることはあり得る。よって少数派の新しい宗教・宗派であっても排除・弾圧してはいけない。この考え方が信教の自由として確立した。

そもそも宗教は、開祖や中興の祖が何らかの霊的体験をして、神の心を説き、世の人々を目覚めさせたり、社会変革に立ち上がらせたりする。少数者の自由が認められなければ、新しい宗教は誕生した時点で抹殺されてしまう。

その後、信教の自由から当然の権利として、自分の信仰を告白する自由（伝道の自由）や、自分たちの教会を建て

近代の「自由権」はこうして生まれた

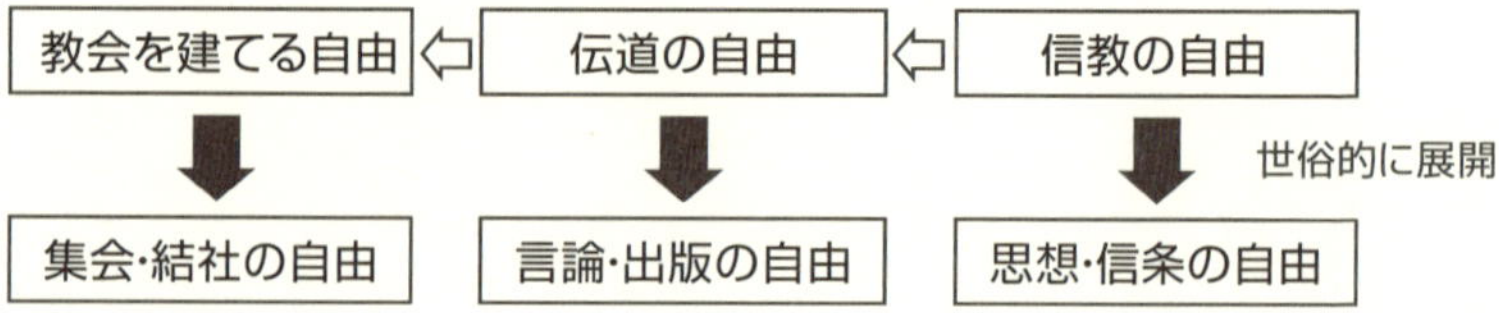

る自由が認められるようになった。

それが世俗的に展開し、思想・信条の自由、言論・出版の自由、集会・結社の自由、さらには、アメリカ入植者たちのように大学をつくる自由（学問の自由）、政治活動の自由にまで広がった。

結局、信教の自由から近代国家の「自由」の権利がすべて生まれた。このため、信教の自由を、「国民の権利の女王」と呼ぶ憲法学者もいるほどだ。確かに、神様を信じる自由を否定されたら、信仰者は命がけで戦う。信仰の力によって、近代以降の国民としての権利が認められていったのだ。

日本にも「自由の革命」を

アメリカ独立の原動力となったのは、「これらの自由が侵されたら、政府をつくり直していい」というロックの思想だが、その背景には「人間は神の創造物であり、神の子としての権利は守られなければならない」という価値観があった。

ロックは『統治二論』でこう述べている。

「人間はすべて、唯一人の全知全能なる創造主の作品であり、すべて、唯一人の主なる神の僕であって、その命により、またその事業のため、この世に送られたものである。彼らはその送り主なる神の所有物であり、ただ神の欲する限りにおいてのみ、――決して他の者の欲するままにではなく――生存し得るように作られているのである」

この精神がアメリカ独立宣言に、「すべての人間は平等に創られ、その創造主によって、生命、自由、そして幸福の追求を含む、奪うことのできない一定の権利を与えられている」という言葉で盛り込まれた。

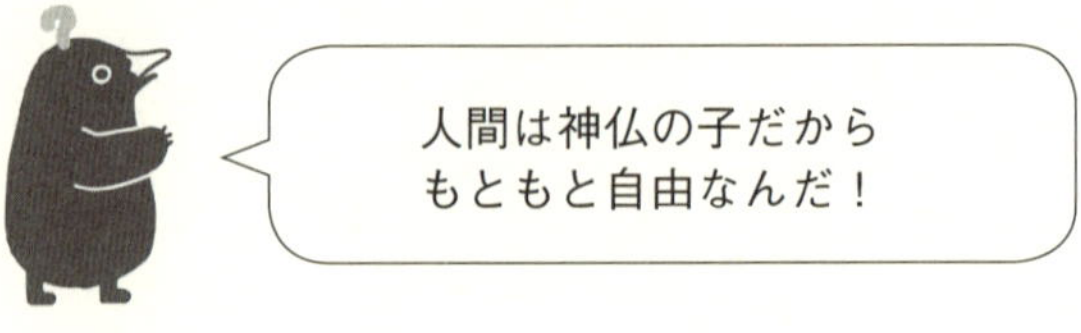

さらには、日本の戦後憲法の条文にも受け継がれたはずだった。だが、まだ日本ではこの近代的な「自由」の権利が確立できていないようだ。

戦後日本の無神論・唯物論的風潮も影響しているのだろう。憲法20条には、「信教の自由は、何人に対してもこれを保障する」と規定されているが、付帯条項で「政治と宗教を分けよ」「公教育で宗教を教えるな」と禁止事項が並んでいる。「人権の女王」である信教の自由をこれだけ否定的に扱うと、そこから派生するその他の「自由」の権利も制限してしまうことになる。

だから、日本では「自由の創設」が難しい。成り立たない社会保障を延命するために、際限なく増税が続くことを考えれば、財産を守ることが十分にできない。法律は〝お上〟によって恣意的に運用されている。「幸福の科学大学」をめぐっては、文科省が単なる内規に基づいて一宗教の教義に対して「おかしい」と介入し（注1）、信教の自由、学問の自由を踏みにじった。

安倍首相は自分を、自由を創設したアメリカ独立戦争の英雄に重ね合わせたかったのだろうが、悲しいかな、その逆の立場に立っている。国民が自分たちの手で未来を開いていく「自由」をどんどん奪い取っている。

マスコミの多くは、言論の自由だけを過度に重視するが、その奥にある信教の自由こそが国民の権利として最も大切なものであり、宗教こそが国民の自由の砦であることを理解していない。

イギリスは17世紀の清教徒革命で、国家が宗教や国民を管理する〝お上支配〟の文化を乗り越えた。アメリカ革命では、「神の創造物」の自覚を持った人たちが信教の自由を確立し、〝お上〟任せではなく、自分たちの運命を自分たちで決める「自由の創設」を行った。

日本がこれから迎えるであろう「革命」も同じように、宗教を尊ぶ「宗教立国」と、国民が自らの考えで未来を変えていける「自由の大国」が一体になったものになるだろう。

（注1）文部科学省は、「幸福の科学大学」の教育内容について、「霊言を根拠とした教育内容は学問として認められない」と一方的に判断。霊言現象は聖書にも仏典にも見られるものであり、政府が特定の宗教の教義を否定したことになる。

「お上支配」から「自由の大国」へ

ロックは為政者の介入・弾圧を戒め、信教の自由を守ることを訴えた著書『寛容についての書簡』でこう述べている。

「神の存在を否定する人びとは、決して寛容に扱われるべきではありません。人間社会の絆である約束とか契約、誓約とかは、無神論者をしばることはないのです。たとえ思想のなかだけのことにしても、神を否定することは、すべてを解体してしまいます」

「幸福の科学大学」の審査をめぐって文科省は、キリスト教で言うところの神や聖霊からの啓示を全面的に否定するという介入・弾圧を行った。ロックの思想に照らし合わせれば、こうしたことが結局は、人間社会の絆を解体していくということになる。

〝お上〟に従うことで一見、社会が安定するように見える。しかしその結果、国民が政府によって家畜やペットとして飼い慣らされる可能性がある。「お上支配」をよしとするのか。それとも、自分たちの手で幸福な未来を創る「自由の大国」を目指すのか。その選択を国民は迫られている。

第2章のポイント

1

政治的な改革や革命は「自由の創設につながるか」が成否のポイント。

2

「信教の自由」こそが、あらゆる自由と民主主義の出発点。

3

「自由」は人々の天賦の権利であり、国家から賜る「恩恵」ではない。

【主な参考文献】

大川隆法『政治の理想について』(幸福の科学出版)
大川隆法『教育の法』(幸福の科学出版)
大川隆法『教育の使命』(幸福の科学出版)
大川隆法『究極の国家成長戦略としての「幸福の科学大学の挑戦」』(幸福の科学出版)
ハンナ・アレント『革命について』(ちくま文芸文庫)
ミルトン『言論・出版の自由――アレオパジティカ他一篇』(岩波文庫)
ジョン・ロック『寛容についての書簡』(朝日出版社)
ジョン・ロック『統治二論』(岩波文庫)

第 3 章

「失われた25年」をつくった
アメリカの「策謀」を
破る方法

80〜90年代、急速に世界に広がったアメリカ流の
グローバルスタンダードは、自由な経済活動を促すものだったが、
大きな問題も潜んでいた。今後、日本経済を復活させ、
真に世界を発展させるには、新たな金融哲学を探る必要がある。

BIS規制が日本を没落させた

「失われた20年」とよく言われる。1990年代初めのバブル崩壊以降の経済の停滞を指しているので、今や「失われた25年」になろうとしている。なぜ日本経済は25年もの長い間、低迷しつづけ、まだ復活できないのだろうか。

アメリカの「策謀」という観点から「失われた25年」について考えてみたい。

大川隆法・幸福の科学総裁は、著書『自由を守る国へ』で、こう指摘している。

日本が一九九〇年以降、経済的停滞を二十年余り続けている理由を考えてみると、「アメリカから始まった金融財政

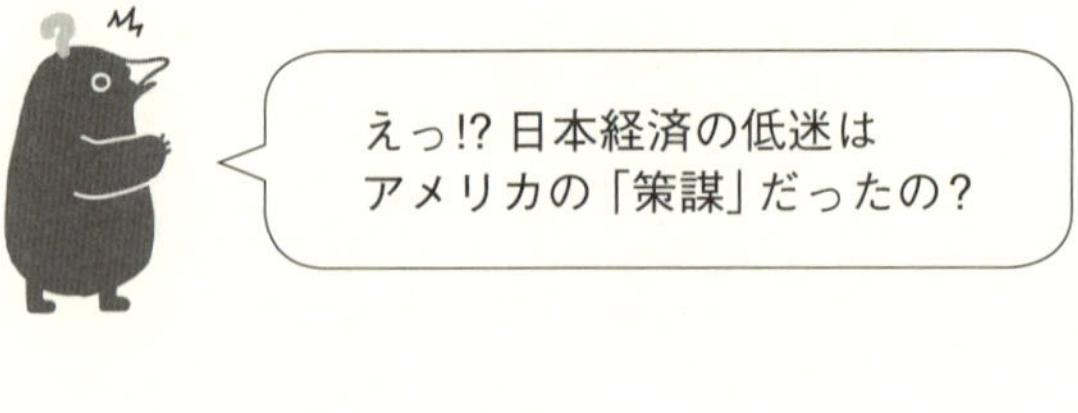
えっ!? 日本経済の低迷は
アメリカの「策謀」だったの?

に関係するグローバルスタンダード的な考え方や、格付け機関による支配などに則っていこうとしたところ、日本の金融機関のシステムはそうとう崩壊した」ということがあります。

やはり、「グローバルスタンダード」という言葉に、そうとう騙《だま》されたところがありました。日本を没落させ、中国を発展させようとした〝策士〟、あるいは〝軍師〟が、アメリカのなかにいたのではないかと、私は感じています。

グローバルスタンダードを要求する動きは、１９９３年からのクリントン政権で加速したが、１９８０年代後半からもう始まっていた。国際取引をする銀行へのＢＩＳ（国際決済銀行）規制がその一つだ。

この規制は、「総資産（預金や融資など）に対する自己資本（資本金など）を８％以上確保しなければ、融資を拡大してはいけない」という取り決め。80年代、日本の銀行は世界中にお金を貸しており、欧米の銀行に比べ、自己資本に対する融資の割合が高くなっていた。そこで、アメリカやイギリスの金融機関がジャパン・マネーを止めようとしたのがBIS規制だった。

自己資本比率8％という数字は欧米の銀行にとってはクリアしやすい一方、当時5％にも達してなかった日本の銀行にとっては厳しい数字。保有する株式の含み益（値上がり益）をある程度、自己資本に算入していいという妥協によって何とか基

自己資本比率の低かった日本の金融機関はこのBIS規制によって大きな打撃を受けた

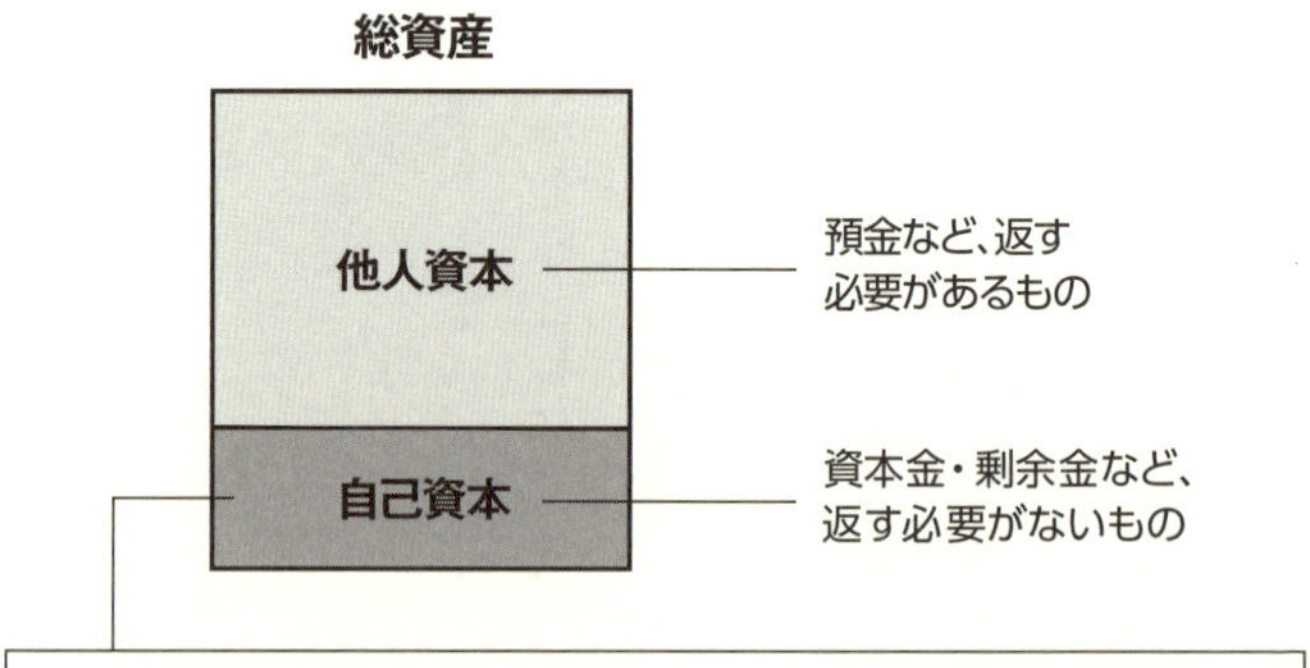

準を満たすことはできた。

しかし、1991年からのバブル崩壊で融資が不良債権となって積み上がってしまった。自己資本に算入していた株式が暴落した結果、8％という基準を満たすために、総資産のほうに含まれる融資を減らさざるを得なくなり、猛烈な貸し渋りや貸し剥《は》がしが始まった。銀行から融資を引き上げられた企業が次々と倒産していったのが1998年ごろだ。

ムーディーズなどアメリカの格付け会社が、日本の金融機関の格付けをどんどん下げ、銀行倒産にも見舞われた。

かつての日本も今のEUも「健全財政」で経済崩壊

1990年代の日本と同じことが今、EUで行われている。日本では銀行に対してだったが、EUでは政府の財政に対しての規制だ。ギリシャをはじめ財政危機に陥った国に融資しているドイツやフランスなどの銀行を守るために、国際通貨基金（IMF）などが財政危機の国々に「借金を減らさないと支援しない」と緊縮財政や増税を要求。EU各国は、毎年の財政赤字をGDPの0・5％以内にするよう義務づけられていることもあって、どの国も景気対策などでお金を使えず、EU経済全体がガタガタになり、失業者が増えている。

健全財政や健全なバランスシートを過度に求めると、国民経済が崩壊しかねないということだ。

大川総裁は著書『資本主義の未来』で、世界恐慌の危険性を指摘している。

ユーロ圏では信用収縮が起き、そして、ドイツのメルケル首相を中心として、「とにかく不良債権を減らして国の借金を返し、健全財政にしよう」ということをやっていますが、下手をすれば、EUの経済圏は縮んでいきます。

健全財政化の考えも大事ではあり、一国ぐらいで、あるいは、小さいとこ

ろでやっている分にはよいのですが、まとまって何十カ国もがそれをやり始めると、経済の信用収縮が起き始めるので、世界的な恐慌が起きる可能性もあります。

１９９７年のアジア通貨危機で、韓国やタイがＩＭＦから資金支援を受ける条件として、過度な財政再建などを求められたのも、同じ構図と言っていい。

アメリカの各政権を動かす「ワシントン・コンセンサス」

こうした緊縮財政やさまざまな自由化をことさら重視する考え方を「ワシントン・コンセンサス」と呼ぶ。米ワシントンにあるシンクタンク「国際経済研究所」（現ピーターソン国際経済研究所）が１９８９年に発表したレポートによれば、債務の多い途上国を支援する際に米財務省、ＩＭＦ、世界銀行などで「意見が一致」したものだという。

その特徴は、「財政赤字の削減」「貿易や投資の自由化」「国営企業・公的部門の民営化」「規制緩和」など10項目。一般的にはよいことだが、相手国の置かれた環境を考えずに「小さな政府」と「市場原理」を押しつける考え方が入っている。

ただ、アメリカがこれらの考え方を適用しようとする相手国は途上国だけではない。

1989年、ブッシュ（父）政権は日本の「不公正」な貿易・商慣行を正すとして、「系列取引の廃止」「談合の取り締まり」などを求めてきた。

クリントン元大統領（手前）と同政権で手腕を発揮したルービン元財務長官。ルービン氏はユダヤ系とされる投資銀行ゴールドマン・サックス出身。クリントン政権は90年代、日本に市場開放の圧力をかけつづける一方、中国の国力を押し上げた。写真:Reuters/アフロ

その後のクリントン政権も日本を狙い撃ちしてきた。日本に市場開放を求めて「年次改革要望書」を突き付ける一方、中国を「戦略的パートナー」と位置づけて中国経済を押し上げた。当時、アメリカによる「ジャパン・バッシング」が盛んに喧伝《けんでん》された。

〝策士〟ユダヤ系金融資本家

大川総裁が先に指摘した〝策士〟や〝軍師〟とは、ゴールドマン・サックスなどアメリカの名門投資銀行を所有するユダヤ系の金融資本家と考えていいだろう。

当然、そこにはユダヤ人の伝統的な考え方が入っている。歴史的にユダヤ人は迫害を受け、いつ財産を奪われるか分からなかった。ヨーロッパ諸国では、裕福なユダヤ人は妬まれ、ゲットー（強制居住区）に押し込められた。ナチス・ドイツではユダヤ人が殲滅《せんめつ》される危機まであった。

そんな彼らにとって商売は「1回こっきりの取引で、もし騙されたら騙されるほうが悪い」というもの。そして、いつでも逃げ出せるように、「財産を今日売ったらいくらになるか」を示す時価会計主義を採る。また、3カ月ごとに決算報告をつくることにし、いつでも売ったり買ったりできるようにする。それらを取引相手にも通用させようとしてきた。

日本にはこれとは正反対の文化がある。日本列島から逃げ出す必要もないので、商売は「損したり得したりしながら、長期的に互いに利益がある」というやり方だ。その象徴が、企業がグループをつくって安定的に取引をする「系列」「株の持ち合い」などだが、〝策士〟たちはこれらの商慣行は「けしからん」と「年次改革要望書」などでやり玉に挙げた。

1995年に発足した世界貿易機関(WTO)は、貿易の自由化を促進する国際機関だが、実際には欧米の商慣行に合うよう圧力をかける組織だ。

グローバルスタンダードの闇

これらさまざまな形をとるグローバルスタンダードに、日本は完全に振り回されている。

２０００年にアメリカの投資ファンドが破綻した日本長期信用銀行（長銀）を10億円で買い取ったが、日本政府に税金８兆円を投入させた末に社名を変えて株式再上場し、１千億円以上もの利益を得た。

アメリカの大企業の役員はべらぼうに高い報酬を取る。社員の給料を安くしたり、簡単にクビを切ったりする。時価会計に基づく決算で株や不動産の値上がりを反映させ、〝いい数字〟を並べる。数十億円を手にするためだ。

日本は、株や不動産を買った時の価格で帳簿につける原価主義だったが、アメリカから時価会計の導入を求められた。ところが、２００８年からのリーマン・ショックで株や不動産が暴落したら、〝策士〟たちはたちまち時価会計を一部停止してしまった。

現代世界の金融は「鉄の檻《おり》」

ただ、日本の銀行もそういうグローバルスタンダードに基づいて貸し渋りや貸し剥がしをやったものだから、同じく評判が良くない。企業経営者は「銀行からお金を借りると、どんな目に遭うか分からない」と考えていて、大きな投資に備えて自分たちで資金を蓄えている。お金を借りたいという企業が少ないから、「お金の貸し借りの値段」である金利はタダに近い。

この現象について大川総裁は前掲の『資本主義の未来』で、「資本主義の終わり」であるとの認識を示している。

日銀がゼロ金利をずっと続けているのに、経済がまったく発展しないのは

どういうことかというと、基本的には、「資本主義経済が終わりを迎えている」ということを意味しているだけのことです。

もっと言えば、「ゼロ金利といっても、実質マイナス成長になっている」というのであれば、実は、「資本主義経済と逆のもの」が起きているわけです。タダの金利で資金がいくらでも供給されているのに、経済発展は減速しているわけですから、これは、資本主義経済と反対の方向に向かっています。

資本主義は終わってしまったのか。

近代資本主義が誕生した原理を明らかにしたドイツの社会学者マックス・ウェーバー（１８６４～１９２０年）は、こう予言していた。

「営利のもっとも自由な地域であるアメリカ合衆国では、営利活動は宗教的・倫理的な意味を取り去られていて、今では純粋な競争の感情に結びつく傾向があり、その結果、スポーツの性格をおびることさえ稀ではない」

スポーツの性格、つまりマネーゲームになっていると、19世紀の時点でウェーバーは指摘していた。そしてアメリカの経済について、「鉄の檻」とも言っていた。グローバルスタンダードに縛られた経済のあり方を指しているのかもしれない。「鉄の檻」の中にある世界の金融を救い出さないといけない。それが「失われた25年」を取り戻し、資本主義が息を吹き返すことにつながる。

① BIS規制を拒否する

アメリカ流のグローバルスタンダードをどう乗り越えていったらいいのだろうか。大局的にグローバルスタンダードが広がることは、そう悪いことではない。国境の壁が低くなり、世界規模での競争に参加することで、誰でも豊かになれるチャンスがあるのは否定すべきものではない。

しかし一方で、各国の独自性も守らなければならない。明治日本が欧米の植民地化の圧力に抗し、独立を守りながら近代化したのは一つの模範だ。

大川総裁は前掲の『自由を守る国へ』で、「日本モデル」をアジアやアフリカなどに広げていくべきだとの考えを示した。

そのように、「グローバルスタンダード」は、そんなに簡単には成立しません。「グローカル」という言葉もあるように、「グローバルにならなければいけないが、ローカルなものも生かしていかなければならない」という考えは要るでしょう。

日本は、日本の独自性をある程度踏まえた上で、「標準は何か」ということを考えるべきでしょう。そして、日本モデルを、アジアやアフリカ、あるいは、ヨーロッパの一部等に広めていくスタイルをつくったほうがよいと思います。

「日本モデル」は例えば、先述の、日本と商売すると互いに長期的に利益になるスタイルだ。勤勉に努力し、正直にやるほど儲けられるという、信頼の文化と言っていい。

日本的価値観に基づいて外国の取引企業を「格付け」し、影響を広げていくべきだろう。当然、ＢＩＳ規制はどこかの段階で拒否すべきだ。数字には表れない日本の価値観や基準に基づいて金融機関が動けば、ジャパン・マネーは息を吹き返す。

ユダヤ系の大資本家であっても、日本モデルがいいと思うなら採り入れてくればいい。「逃げ出さないで済む国」として日本に住んでもらってもいい（3代で財産がなくなる相続税を廃止する必要があるが）。

日本とアメリカの金融哲学の衝突

続いて同書で大川総裁は「長期系の銀行」の必要性を提言した。

やはり、目先の決算ばかりを追うのではなく、国を発展させたり、外国に投資するにしても、長期で発展途上国を成長させるような戦略を考える民間が要るのではないでしょうか。

やはり長期系の銀行のようなものは、あってもよいのではないかと思うのです。

そうすると、どのようになるかといえば、長期系の債券の運用と一体化してくるはずです。今は、国債を買う以外に能がない状態になっていますが、長期系の債券であれば、ある程度の金利が出るため、貸出金利も出る一方で、債券にも利回りが付くため、ある程度の資産運用ができるようになります。そのようにして、もう少し資産の運用ができるようにして、お金持ちをつく

っていかなければいけない時期ではないでしょうか。

この指摘は、重工業やエネルギー分野などに長期的に資金を供給し、戦後復興に貢献した旧日本長期信用銀行や旧日本興業銀行などが念頭にある。これらの銀行は一般の都市銀行には認められない金融債の発行が認められ、金利が8％程度あり、10年持っていれば約2倍にも増えた。

長銀はバブル期以降に不動産融資に傾きすぎて方向性を見失ったが、融資審査のノウハウをまとめた長銀のマニュアルには、こう書かれていた。

「企業活動を長期的に支えるのが、我々、銀行の使命である」

そして、アメリカの投資ファンドに買収される前の最後の頭取はこう語っていた。

「日本の金融機関、特に長期金融機関は5年、10年の貸出をしていくわけです。これは欧米の金融機関のリスク感覚からは考えられないことなんです。私もよく言われましたよ。『5年、10年先の経済環境まで見通せるのか。そんな長期間、金を貸して大丈夫なのか』とね。でも、それが可能だったのが日本経済であり、日本の金融機関がそれを支えたからこそ、戦後の奇跡の高度成長もあったと思うんです」

「バブルが始まってからの20年は、日本的な金融理念・哲学とアメリカ型の理念や哲学が正面から衝突し、日本が敗れ去った時代であると、私は認識しています。その敗北の象徴が長銀だったのだと思います」（伯野卓彦著『レクイエム』より）

貸し出している当初の時点では不良債権のようにも見えるが、10年、20年経つと、企業が成長し、優良債権に変わってくる。そういう長期的な視点で融資していたのが、日本の長期系の金融機関だった。

②　金融庁を廃止する

金余りと言われる現在も、海のものとも山のものとも分からない起業家のアイデアを審査し、融資を通じて新産業を育てるのが、銀行のミッションであることに変わりはない。

「この企業は資金さえあれば、将来必ず大きくなって、雇用を増やすことになる」と、企業の成長力をいち早く見抜いて融資することが銀行業の本質だ。

問題は、その「将来」がいつになるか分からないことだ。起業家にはビジョンや強い意志があるが、たいてい資金がない。金融機関は起業家に資金を供給し、起業家が稼げるようになるまで忍耐しつづけなければならない。

明治期にその役割に徹したのが銀行王の安田善次郎（1838〜1921年）だ。「大いに撒《ま》かんがために、まず大いに儲けねばならぬ」と語り、鉄道や発電など国の発展を支えるインフラに対し資金を〝大いに撒いた〟。

善次郎はお金を貸す際、相手の何を見ていたか。

「私の60年来の経験をもってしても、確固不動の決心と千挫《せんざ》不動の堅志《けんし》とをもって事に当たる人物の精神ほど、確実な信用はない。この人物が一度断固たる決心をもって、『はい、よろしい。承知しました』と言えば、この一言はいかなる証文よりも、はるかいかなる担保よりも、はるかに安心ができるのであって、一諾千金の重みありとは真にこの種の人物の決心において初めて見ることができる」

融資する際のもの差しはたくさんあるにしても、巨額の融資をしてそれが不良債権になるか、将来優良債権になるかの判断基準は、融資する相手の「断固たる決心」しかないと善次郎は言っている。

善次郎が具体的にイメージしていたのは、例えば、今のＪＦＥスチールや日本郵船など50社を超える企業を立ち上げた浅野財閥創始者の浅野総一郎だ。浅野が横浜・川崎間の臨海地の埋め立てを計画した際、20年にもわたる長期事業なので、

明治の銀行王・安田善次郎は、浅野財閥創始者の浅野総一郎が計画した横浜・川崎間の埋立事業に対し、巨額の融資を行った。完成まで20年もかかる事業に周りは反対したが、善次郎は押し切った。その根拠は浅野の「不動の決心」だった。

善次郎の周囲は「リスクが大きすぎる」と反対した。しかしそれを押し切って巨額の融資を断行した。「担保」は最終的な浅野の「断固たる決心」だった。

1911年に書かれた善次郎による啓蒙書『富の活動』では、こう語られている。

「有利な事業であっても失敗しているのをよく調べると、ほとんど経営者が良くないのである。そして、その良くないというのは才能や技量よりも、事業経営に最も大切なところの、真面目、堅実、理性、熱心、誠意を欠いているのがその原因だ」

「世の中にはこの熱心と誠を持っている者よりも、知恵と計画のみを持っている者が多いようだ。それだから事業がうまくいかないのである」

善次郎は、紙に書かれた事業計画書よりも、事業の大局的な将来性と、経営者の熱意と誠実さを見て、融資や投資の判断をしていたのだった。

ある長期系の銀行では戦後、融資の判断をする際、最終的には「社長の顔を見る」ことを最も重視していたという。善次郎のような心意気はまだ生きていたようだ。

善次郎の言葉に基づけば、担保を取ることは小さなことで、「断固たる決心」を信じ、事業を一緒に育てていこうと肚《はら》を据えることが、銀行の経営責任者がやるべきことになる。

ならば、金融庁が細かな検査基準で、特定の企業への融資が優良債権なのか不良債権なのかを選り分けてみてもあまり意味がない。金融システム全体は守るにしても、「リスクを負うのは銀行なんだから、自己責任で経営してください」というのが政府のスタンスであるべきだろう。その意味で、金融庁は不要である。

一方、巨大な役所のようになっている日本のメガバンクも、善次郎のような起業家精神の塊のような仕事ができないなら、単なる「金庫業」でしかなくなるだろう。

③ 文科省を廃止する

善次郎は旅行好きで有名だった。時間ができれば全国を歩き、その土地の人々が勤勉に働き、豊かさの程度がどれくらいかを見て回った。これらの情報収集を融資や投資を決める際の材料にしていたという。

神社仏閣が地域の人たちに支えられているかどうかも重要な判断材料で、宗教心が篤いかどうかがその土地の盛衰を左右する重要な要素だと善次郎は見ていた。各地の豊かさ、勤勉さ、宗教心、風俗、土地の良し悪しなどを9ランクに分けて〝採点〟する徹底ぶりだった。

国内では旅行マニアだった一方で、生涯一度も海外に行ったことがなかった。それでも目は海外に開かれ、海外視察した人の話を聞いては新事業のタネを探した。「欧州で運輸網と保険が両輪で発達している」と聞き、鉄道や港湾事業への投資、損害保険会社の設立につなげたこともある。

善次郎ら明治の産業人には、欧米にあるものを日本にいち早く導入するという共通したビジョンがあった。

これからの銀行家は、どういうビジョンを持つべきか。最強国のアメリカにあるもので、日本にないものはほとんどない。航空・宇宙や軍事の分野が極端に弱いくらいだ。ならば、日本はもう独自に新しい道を切り開かねばならない。

では、どうすればよいのか。やはり、一人ひとりの企業家が新しいことを考え、新しいモノやサービスを生み出していくことが基本だ。そして、それを可能にする「創造的な頭脳」を育てなくてはならない。

大川総裁は、「創造的な頭脳」とは、霊的世界からインスピレーションを受けられることであり、宗教教育によってそうした人材を育てられると強調した。目に見える3次元世界が世界のすべてではなく、霊的な神秘の世界が周りにあり、そこへ梯子《はしご》をかけることでインスピレーションを受けられるというのだ（第7章、第

９章参照）。

「神秘の世界に梯子をかける」のを実践したのが発明王エジソン（１８４７～１９３１年）だ。あまり知られていないが、エジソンは魂の不滅を信じ、あの世の霊的存在のインスピレーションによって、自身の1千以上の発明が可能になったと考えていた。

まさに未来のエジソンを生み出すような宗教教育をやろうとしたのが「幸福の科学大学」だった。その開学を文部科学省は、「霊言（霊界からのインスピレーション）は科学的ではない」として認めなかった。

文科省が資本主義の未来を閉ざすならば、もはや文科省廃止論を唱えなければならない。

日本経済の「失われた25年」を克服する道は、特に金融分野で考えれば、ＢＩＳ規制の拒否、金融庁の廃止、そして文科省の廃

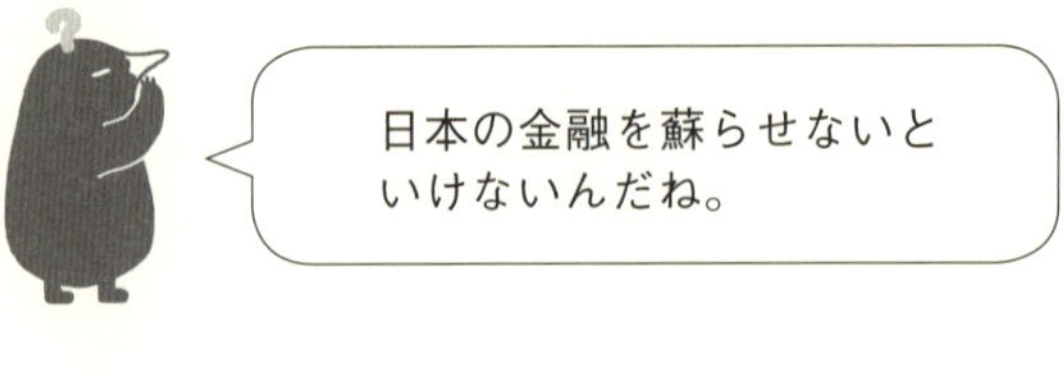

止にある。これらの決断によって、アメリカの「策謀」を破り、日本経済の心臓部である金融部門を蘇らせることができる。

第3章のポイント

1
過度に「健全財政」「健全なバランスシート」を求めると、国家経済が崩壊しかねない。

2
アメリカ流のグローバルスタンダードを超える、長期で産業を育てる金融哲学が必要。

3
「BIS規制の拒否」「金融庁の廃止」「文科省の廃止」で日本の金融は復活する。

【主な参考文献】

大川隆法『自由を守る国へ』（幸福の科学出版）
大川隆法『資本主義の未来』（幸福の科学出版）
大川隆法『富国創造論』（幸福の科学出版）
安田善次郎『大富豪になる方法』（幸福の科学出版）
マックス・ウェーバー『プロテスタンティズムの倫理と資本主義の精神』（日経ＢＰクラシックス）
伯野卓彦『レクイエム——「日本型金融哲学」に殉じた銀行マンたち』（ＮＨＫ出版）

Step2

「重税国家」から「減税国家」への大転換

――「共産党宣言」を葬り去る

第4章

「冷酷で非情な福祉国家」を続けますか?

現代の先進国は
どこも「大きな政府」で巨額の財政赤字を抱えている。
そこにはマルクス主義が強く影響している。
「勤・倹・譲」の二宮尊徳精神で、
国家破綻の危機を乗り越えることができる。

両親に1千万円の「仕送り」!?

２０１４年４月からの消費税増税が、日本経済の足を引っ張りつづけている。

ただ、問題は消費税だけではない。２０１５年は、所得税や相続税の最高税率がそれぞれ45％（住民税と合わせると55％）、55％に引き上げられ、富裕層は所得でも相続でも半分以上を税金で取られるようになった。久々に「五公五民」を超える時代になったわけだ。富裕層だけではなく、課税対象も広がり、相続税が〝身近〟なものになった。

２０１７年４月には、消費税が10％へと引き上げられる。次々と押し寄せる増税で、簡単には消費は上向かないだろう。

そんな増税ラッシュにも国民が耐え忍んでいるのは、「増大す

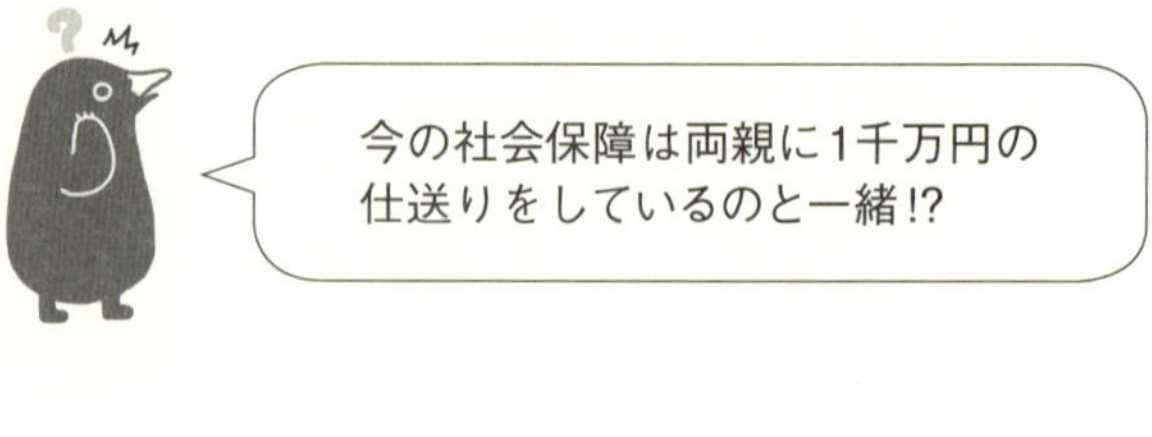
今の社会保障は両親に1千万円の
仕送りをしているのと一緒!?

る社会保障費をまかなうため」という政府の説明に一応納得しているからだろう。

社会保障にかかるお金は計115兆円（うち年金57兆円、医療40兆円など）。これが今後、毎年3〜4兆円ずつ増え、2025年には150兆円になる。

社会保障費の急増は、超高齢化社会だからということもあるが、本質的には、高齢者一人ひとりに莫大なお金をかけているからだ。

65歳以上の人たち1人当たり

日本の社会保障費は2025年には150兆円に

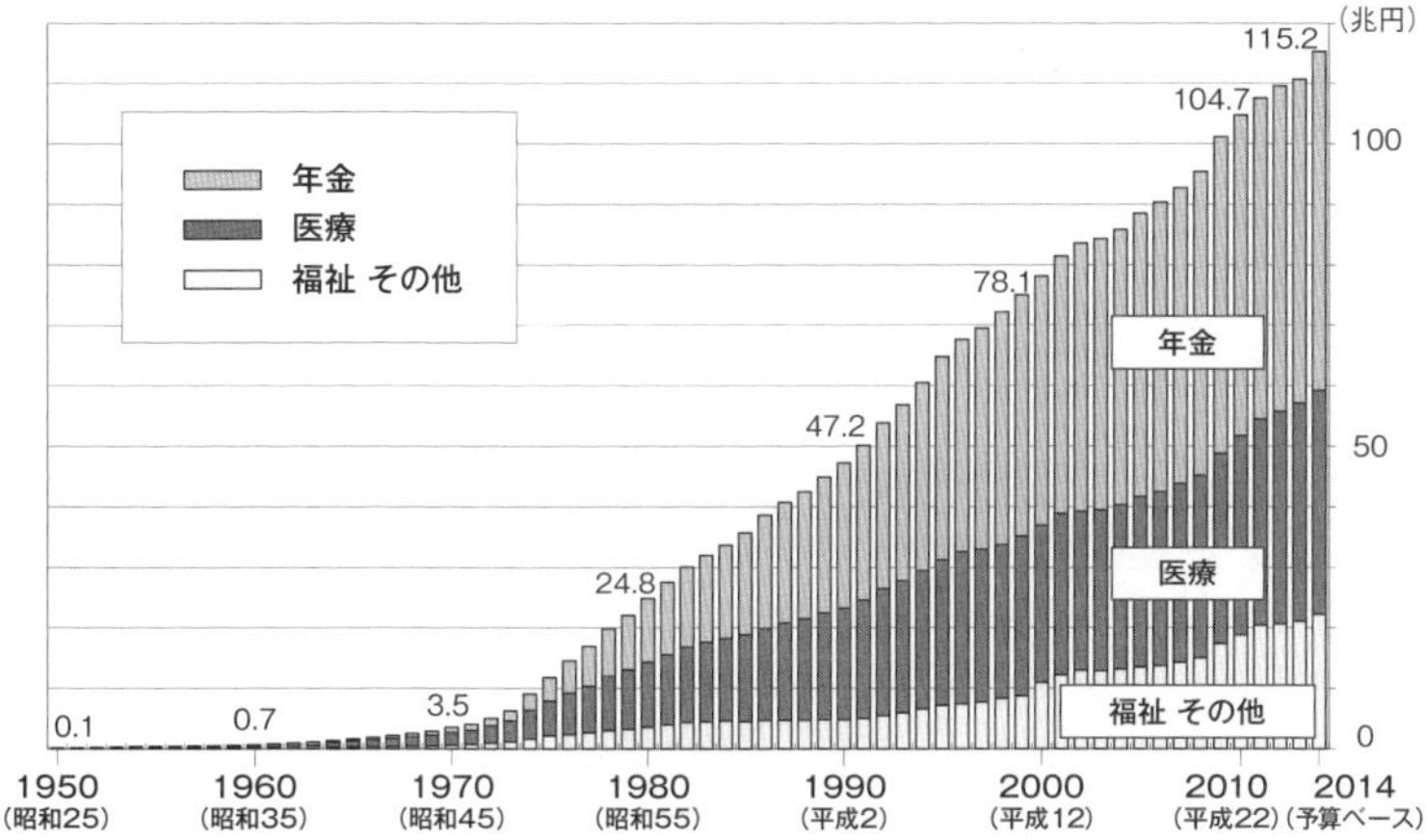

資料：国立社会保障・人口問題研究所「平成23年度社会保障費用統計」、2012年度、2013年度、2014年度（予算ベース）は厚生労働省推計

の社会保障費は、２０１０年時点で２５３万円だという（注1）。ある現役家庭がリタイアした父母２人に対し、政府を通して約５００万円を毎年〝仕送り〟している計算だ。夫婦が一人っ子同士で、それぞれの父母４人に〝仕送り〟するとなると、約1千万円にものぼる。

　児童のいる働き盛りの世帯の２０１３年の平均所得は６９６万円だから、本来は５００万円の仕送りなど、とても出せる金額ではない。その家庭は破産し、おじいちゃん、おばあちゃんも路頭に迷ってしまう。

　そんな絶対あり得ないことを、政府を通してやっているのが現代の福祉国家、日本の姿だ。

　今の政治家と役人は、「絶対あり得ないこと」を、増税によって誤魔化そうとしている。これだけ膨大な社会

もはや不可能なことをやっている日本の社会保障

65 歳以上の人たち
1 人あたりの社会保障費　年間 **253** 万円

ということは

ある家庭がリタイアした父母 2 人に仕送り ➡ 約500万円
夫婦それぞれの父母 4 人に仕送り ➡ 約1000万円

保障費を税金でまかなおうとすると、消費税は２０６０年の時点で、70％近くになる（注２）。これを所得税や法人税、相続税に分散させて増税する方法もあるが、いずれにしても、ものすごい重税国家になることは間違いない。

高齢者を路頭に迷わせるか、それとも、「超重税国家」になるか。そのどちらかの選択を日本国民は迫られている。

20世紀を代表するアメリカの経済学者ミルトン・フリードマン（１９１２～２００６年）は、「子供が両親を助けるのは義務からではなく、愛情からだ」として、愛情ではなく義務（税金）で他人を助けることを強いる福祉国家を「非人道的だ」と指摘した。

先進国はどこも「巨大な福祉国家」で、巨額の財政赤字に苦しんでいる。そして、確実に「おじいちゃん、おばあちゃんを路頭に放り出す地獄」に向かっている。

（注１）原田泰・元早大教授の試算。

（注2）原田泰・元早大教授の試算。68・5％になると試算した。第5章で詳述。

新しい福祉は「自立させ、発展させる」こと

晩年に松下政経塾を創設し、さまざまな政治提言も行った松下幸之助氏は、「今の政治には、愛や慈悲が足りない」と語っていた。一見、一人ひとりに優しいように見える福祉国家は、実は冷酷で非情なものだと見抜き、少しでも「愛と慈悲の国」に近づかなければならない。

経営学者のドラッカーは1969年の時点で、著書『断絶の時代』で「福祉国家は失

60年代に「福祉国家は失敗した」と断言した経営学者ドラッカーは、宗教などの非営利組織が福祉を担い、「人間を変え、能力や誇り、自立を取り戻す」役割を果たすと予言した。

敗した」と断言していた。

「いかに立派な仕事をしていても、福祉国家なるものは、せいぜい活力と創造性に富む保険会社並みの存在にすぎないことが明らかになった。誰も保険会社のために命を投げ出すことはしない。（中略）福祉国家に期待できるものは凡庸な成果だけである。それさえ得られないことのほうが多い。民間の保険会社なら許しえない仕事ぶりである」

そして、「19世紀に家族から政府に任されるようになった仕事の数々を、非政府組織に委ねなければならない」と提案した。

非政府組織というのは、宗教団体や民間の病院、赤十字、ボーイスカウト、ガールスカウトなどだ。

ドラッカーは、福祉国家の次の国家モデルのイメージをはっきり持っていた。

その後の著作で、政府でも企業でもない非営利組織が、「人間を変える」ことを目的とした「人間改造機関」としてのミッションを果たすべきだと訴えた。

1995年の著書『未来への決断』では、こう述べている。

「今日必要なことは、自立や能力や責任を生み出すように、福祉の方向づけを変えることである。（中略）すなわち、福祉は機能しうる。しかしそれは『貧しい人たちにとって必要なものは金である』という考えから、『貧しい人たちにとって必要なものは能力である』という考えに頭を切り替えたときである」

「福祉を行うべき理由は、今日の福祉国家が当然のこととしているように、能力のない不運な人たちには、金銭的な支援を受ける権利があるということであってはならない。そのような人たちには、能力や誇りや自立を取り戻す権利があるということでなければならない」

ドラッカーは同書で、今までの福祉国家は「依存、無能、自己嫌悪」をもたらす援助だったと厳しく指弾している。そのうえで、「貧しい者が自らの能力に自信をもち、自らを発展させる力を高めることこそ、豊かな者、すなわち民主主義国家の利益にかなうことである」と力説した。

具体的にはキリスト教会やその他ボランティア団体が、聖書の講座を開いたり、マイノリティの子供に九九を教えたり、高齢者のリハビリと社会復帰を手伝ったりすることなどが、「自らを発展させる力を高める」活動に当たるだろう。

大川隆法・幸福の科学総裁は、２０１５年１月の法話「正しさからの発展」で、こう指摘した。

私は、基本的には、「魚を与えるよりは、『魚の釣り方』を教えるほうが正しい」という考えを持っています。魚を与えても、持っている魚は必ず尽き、手持ちの魚はなくなります。しかし、「魚の釣り方」を教えたら、教えられた側は、一生、魚を釣ることができるのです。

（『正義の法』より。12月中旬発刊）

新しい国家モデルは、この「自らを発展させる力を高める」ような方法や考え方、つまり「魚の釣り方」を教え、導くというところに大きなカギがあるということだ。

二宮尊徳の「心の荒地を開く」精神に学ぶ

この「能力や誇りを持ち、自立した人間に変える」「自らを発展させる力を高める」という点では、日本は明治・大正の小中学校の教育で成功した経験がある。

当時は、国民一人ひとりが勤勉に努力し、近代産業を興し、欧米に侵略されない軍隊をつくるという共通の目標があった。その模範となったのが江戸末期の農政家、二宮尊徳（1787〜1856年）だ。学校では「二宮金次郎のように家が貧し

二宮尊徳の「勤・倹・譲」の徳目は、まさに「人間を変える」思想だ。

くても、がんばれば成功できる」と教えられた。

尊徳の銅像が校庭に建てられたのはおなじみだが、小学校唱歌を通しても、尊徳精神が讃えられた。

「骨身を惜しまず　仕事にはげみ　夜なべすまして　手習い・読書　せわしい中にも　たゆまず学ぶ　手本は二宮金次郎

家事大事に、費《つい》えをはぶき　少しのものも　粗末にせずに　ついには身を立て人をもすくう　手本は二宮金次郎」

今のトヨタ自動車を生み出した豊田自動織機の創業者・豊田佐吉や真珠製造を手がけた御木本《みきもと》幸吉などは、尊徳精神に強い感化を受け、事業を発展させた。

尊徳は農家に生まれながら、小田原藩家老・服部家の財政の立て直しや、荒廃していた同藩の分領の復興に成功した。その手法が農村経営のお手本となり、「報徳仕法《ほうとくしほう》」と呼ばれた。

尊徳が言うところの「徳」は通常の意味とは異なる。人や物質、自然の中に備わる良さや取り柄《え》、持ち味、長所、可能性だという。

第6章で詳しく触れるが、哲学者のアーレントが主著『人間の条件』で、「人間は一人一人が唯一の存在であり、したがって、人間が一人一人誕生するごとに、なにか新しいユニークなものが世界にもちこまれる」と述べていることに通じる考え方だ。

尊徳の思想は「勤《きん》・倹《けん》・譲《じょう》」の3語に集約できる。

- 天地人はそれぞれの徳があり、人はその恩を受けて生きている。それに報いるためには、一人ひとりが勤勉に働き、各人の良さを発揮すべきである（勤）。
- その結果得た収入をコツコツと貯えることで豊かになることができる（倹）。
- 生活に困っている人がいたら、その人の良さを引き出し、世の中に役立てるよう手助けする。その際、必要ならお金を貸してあげる（譲）。

尊徳は、怠けや奢《おご》り、むさぼりの心に打ち克って、「勤・倹・譲」を身につけた人間に成長することを「心田《しんでん》開発」と呼んで、最も重視した。

尊徳は、「そもそも我が道は、人々の心の荒地を開くのを本意とする。一人の心の荒地が開けたならば、土地の荒廃は何万町歩あろうと心配することはないからだ」と語っていた。

つまり、尊徳がやったことは、単なる農村経営やその復興ではなく、人間の「心の復興」だった。それができれば、荒地の開墾などいくらでもできるという確信があったのだ。

新しい国家モデルを考えるとき、この尊徳精神は十分通用するのではないだろうか。

尊徳精神①

「勤」――生涯現役社会へのジョブ・クリエーション

ドラッカーは、これからは誰もが70代半ばまで働く時代になり、その働き方はフルタイムの正社員だけではなく、多様で柔軟なものになると指摘した。

つまり、リタイア後もそれぞれの健康状態と意欲に応じて働きつづける「生涯現役社会」になると、早くから〝予言〟していたのだ。

実際、日本政府の２０１２年の調査では、国民の６割が「老後も時間を減らしながら働きつづけたい」と答えている。尊徳の「勤」の徳目は、今も日本人に根づいている。

現在の年金生活者は４千万人で、これからさらに増える。「働きたい」という意欲を十分生かす環境をつくり出すのが、これからの政府の役割だ。

多様で柔軟な働き方ができるように、今の硬直的な労働法制を見直すことも一つだろう。日本の労働法制は、正社員の地位を異常に手厚く守っている。いったん雇うと、欧米と異なり、解雇するには高いハードルがある。そのため、新陳代謝がなかなか図られず、派遣労働者の中に優秀でやる気のある人材がいても、その地位に甘んじざるを得ない場合がある。

最も大切なのは、業界ごとの保護と参入規制をやめ、働き口を爆発的に増やす「ジョブ・クリエーション」だ。

医療や農業、教育の分野は、政府が手厚い補助金を出すと同時に、新規参入を厳しく制限している。補助金を出して保護する以上、その対象を限らなければならず、新規参入を簡単に認めるわけにはいかないという構造だ。

ハイエクは主著『隷属への道』でこう指摘した。

「ある人々に所得の保障をすれば、それは他の人々の犠牲によってのみ可能な特権となり、したがって他の人々の保障は必然的に減少することになる。逆に言えば、一定不変の所得を全員に保障できる唯一の方法は、職業選択の自由を完全に廃止することのみであるということは、容易に理解しうることである」

職業選択の自由を守り「身分制度」を打ち破れ

現代の日本では、医療や農業、教育などの職業集団は一つの特権階級となり、江戸時代に負けないくらいの「身分制」を形づくっている。

医療は、サービスの値段も量も政府が決める「超統制経済」だ。

農業は、いまだに農家に生まれなければ、簡単には農業に携われない枠組みを維持している。株式会社による農業生産法人への出資を通じて農地を持つことはできるが、農業生産法人の役員が実際に農業に従事していないといけないなど、さまざまな制約が課せられている。

教育も、特に大学では政府が参入を阻み、競争が乏しい。「教育は国家が行うべきもの」という枠組みを明治以来、頑なに守りつづけているためだ。保育分野で数万人単位にのぼる「待機児童」が存在するのも、民間企業の新規参入を積極的に認めていないためだ。

この「身分制」を打ち破って、自由に参入できるようにすべきだろう。株式会社が病院や農業をやっても何の問題もない。塾が学校として認められても構わない。オランダでは町内会でも教会でも学校を設立していいのだという。高齢者が退職後に協力して学校をつくるケースがあってもいいだろう。

同時に単なる保護のためだけの補助金はやめる。ただし、利用者に対する

バウチャー方式による 学校制度の仕組み

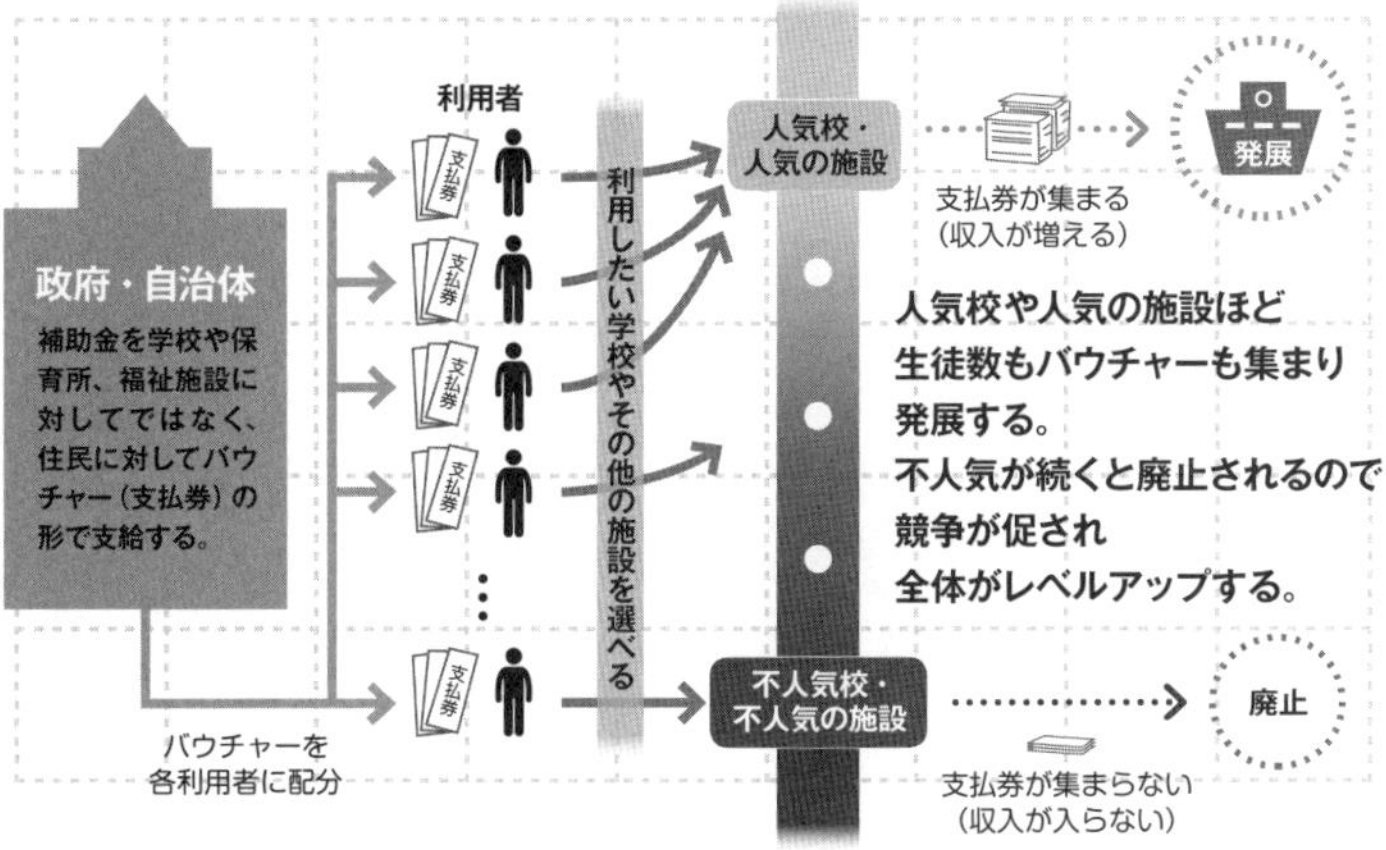

バウチャー方式（注3、前ページ下図）の補助金はあり得るだろう。補助金をやめてまかなえなくなった部分は、親がプラスして出す方式だ。

そうすれば新たな起業が爆発的に増え、高齢者にとって、正社員だけでなく、パートタイムなども含め、仕事がたくさん生まれるだろう。

ハイエクは、それぞれの人がその能力を発揮して世の中に貢献することの価値について、著書『自由の条件［I］自由の価値』で、こう述べている。

「事物なり人間自身の能力なりのより上手な利用方法を発見することは、一個人がその仲間の福祉のためにわれわれの社会でなしうる最大の貢献の一つであり、またそのために最大限の機会を与えることが自由社会を他の社会よりもはるかに豊かにするにちがいない」

「最大限の機会を与える」ことが、「ジョブ・クリエーション」だ。これが尊徳精神の「勤」に基づく「生涯現役社会」の土台となるだろう。

（注３）バウチャー方式　政府から個人に事前に利用券（支払券）を支給しておき、それを使って公共サービスを受けるタイプの社会保障制度。施設にではなく利用者に支給するので、選ばれる側の施設に競争が働くとされる。

「治さない医療」から「治す医療」へ

公的な医療保険と年金については、ドラッカーは「大幅縮小」しかないとはっきり述べている。

「いまや民主主義国家が、自らの財政を管理する能力を回復し、経済、社会、外交にかかわる政策を実行できるようになるためには、もはや管理不能となっている健康保険や年金や失業保険の大幅縮小が不可欠である。中流階級に対する社会保障関連支出が、民主主義国家の繁栄や健全性を損い、さらにはその生存さえ脅かしていることが明らかになって久しい」（『未来への決断』より）

医療分野で、政府がサービスの値段や量の統制をやめれば、とたんに病院や医師の間で本来あるべき競争が始まるだろう。

ある医師の調査では、患者の95％は「医者が関わらなくても、自然に治癒する病気」なのだという。現在、多くの病院が患者を薬漬けにし、「治さない」ことによって稼いでいるということになるが、「医者が関わって初めて病気が治る」という、本来の仕事に立ち戻ることができる。いいサービスに対しては患者は高いお金を払うので、「治す」成果を上げる病院や医師はたくさん稼ぐことができる。

例えば飲食店なら「おいしくていいサービスの店」は流行る。そうでなければ廃れる。ごく当たり前の経済原理が働くということだ。

患者の側にとっては選択肢が広がり、自分に合ったサービスを選ぶことができるようになる。結果として医師の側の「治す」技術が高まり、たくさんの人を救うことができる。

これで「治さない」ことで稼ぐ医療から、「治す」ことで稼ぐ医療へと転換する。

ドラッカーの言葉を借りるならば、「自らの能力に自信をもち、自らを発展させる力を高める」という考え方が、医療の分野に取り入れられるということにほかならない。

大川総裁は、「ザ・リバティ」2014年7月号の論考「未来への羅針盤」でこう述べている。

やはり、病院からの〝卒業〟がなければいけないわけです。治したと言う以上は、もう来なくても結構です、という段階がなければいけません。

自己憐憫、自分をかわいそうだと思う気持ちが強いと、病気が悪くなったり、良くならない傾向があります。それよりも、他の人の役に立つ人間になりたいという気持ちで、自分を鍛えながら他の人の役に立つ人生を生きようと思うと、病気がどんどん良くなることが多いのです。

新しい医療サービスのあり方は、自分の健康状態と相談しながら、働き方を決める「生涯現役社会」の重要な社会基盤となるだろう。現代的な「勤」の精神が、医療分野にも必要だ。

尊徳精神② 「譲」――大減税で「助け合い」文化の復活を

尊徳は、「『譲』に努めなければ人ではない」と言うほど、この徳目を重視していた。

「譲」は、簡単に言えば「他の人に分け与えたり、将来のために投資したりすること」。公的な年金や医療保険のない戦前には、ごく当たり前に実践されていた。

親族や地域の中で成功した人が出れば、お年寄りや生活に困った人たちの面倒を見ていたし、地域に特に勉強ができる子供がいれば、親に代わって援助した。細菌学者の野口英世や、首相・外相になった廣田弘毅《こうき》なども苦学生で、地元の篤《とく》志《し》家の支援を受けて世に出た人たちだった。

戦後の貧しい時代も、「譲」は息づいていたようだ。保守論客の大御所の渡部昇一氏は、山形・酒田の本間家や鶴岡の酒井家など江戸時代からの旧家がお金を出した荘内育英会から奨学金をもらって、東京の上智大学に通ったという。２カ月に一度、荘内出身で東京に住む大学教授の家にもらいに行く仕組みで、人間的なふれ合いがあるものだったという。

この「譲」の文化がなくなったのは、戦後、増えつづける福祉予算をまかなうため、所得税や相続税に「累進課税」が導入されたためだ。富裕層になるほど税率が上がり、最高税率はそれぞれ93％（住民税を含む）、75％という時代もあった。これでは、貧しい人たちを支援しようにも難しい。

ドラッカーは著書『新しい現実』で、「税制による所得再配分の試みについては、もはや寸時の執行猶予も与えるべきではない」と述べている。福祉国家が失敗した以上、累進課税による所得再配分も終わらせるしかない。

所得税は10％程度の一律の税率、相続税はゼロが望ましい。農家・学校への補助金を基本的にやめ、健康保険を民営化し、後述の公的年金の大改革などを実行すれば、農水省や文科省、厚労省の廃止も見えてくる。

こうした大減税によって、篤志家がたくさん生まれて「譲」の文化が復活し、非営利組織を支えるようになれば、ドラッカーが期待したように非営利組織が「人間を変える」ミッションを果たす環境が整う。

やはり福祉は、政府を通して名前

社会保障の改革には尊徳精神が必要

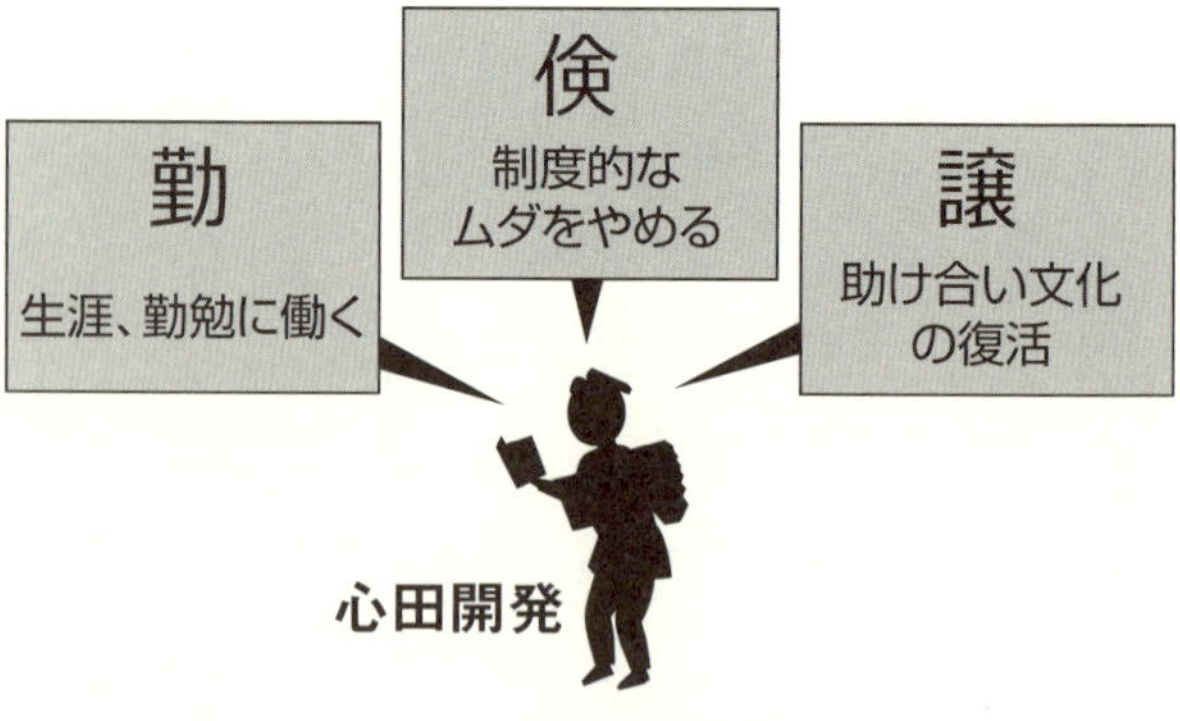

新しい社会福祉は、一人ひとりが二宮尊徳精神を持つことから始まる。国民が「心田開発」し、「勤・倹・譲」の精神を実践することが必要だ。

も顔も分からない人たちを助けるよりも、家族や親族、地域など自分の周りの顔の分かる範囲で助けるほうが、愛情が湧くし、「人道的」だ。

尊徳精神③
「倹」――公的年金制度という壮大な無駄をやめる

「巨大な福祉国家」の象徴が年金制度だ。本章の冒頭で触れたように、社会保障費計115兆円のうち半分の57兆円を占める。

政府を通して、現役世帯から高齢世帯に500万円とか1千万円の無理な〝仕送り〟をしている状態なので、尊徳の「倹」の徳目に反している。

もちろん、この制度を甘い見通しと誤魔化しの説明で築きあげた政治家や役人が悪い。

初めて年金制度が導入されたのは1942年。戦時下で労働者を対象とするこの制度が戦後の厚生年金制度に発展していった。1961年に自営業者向けの国民年金ができ、現在の「国民皆年金」が実現した。

問題は、当初は「積立方式」で、自分で出した年金保険料が老後に戻ってくる仕組みだったところを、いつの間にか「賦課《ふか》方式」に転換してしまったことだ。「賦課方式」は、現役世代が払い込んだ年金保険料をそのまま高齢者の年金として〝横流し〟する仕組みのことを言う。

この制度は現役世代の過度な負担によって無理やり成り立っているだけなので、最終的には「高齢者を路頭に放り出す地獄」が待っている。その前に公的年金を破綻処理し、大改革するしかない。それは「倹」の精神を取り戻し、壮大な無駄遣いをやめることでもある。

「現代の秩禄《ちつろく》処分」は可能か？

公的年金の仕組みは先に述べたように、現役世代からの税金（年金保険料も実質的に税金）をそのまま高齢者の年金給付に回す仕組みなので、基本的には、公務員が給料をもらう仕組みと変わらない。違うのは、公務員としての仕事をしていないという点だ。

仕事はしていないが、政府からの給料をもらっているという意味では、明治維新政府成立後すぐの士族（元武士）や華族（元藩主など）の立場とほとんど同じと言っていい。

そのため、公的年金の大改革をするとなれば、その方法は、士族などの給料支払いを取りやめた1876年（明治9年）の「秩禄処分」に近いものになるだろう。

武士（士族）らはもともと藩から給

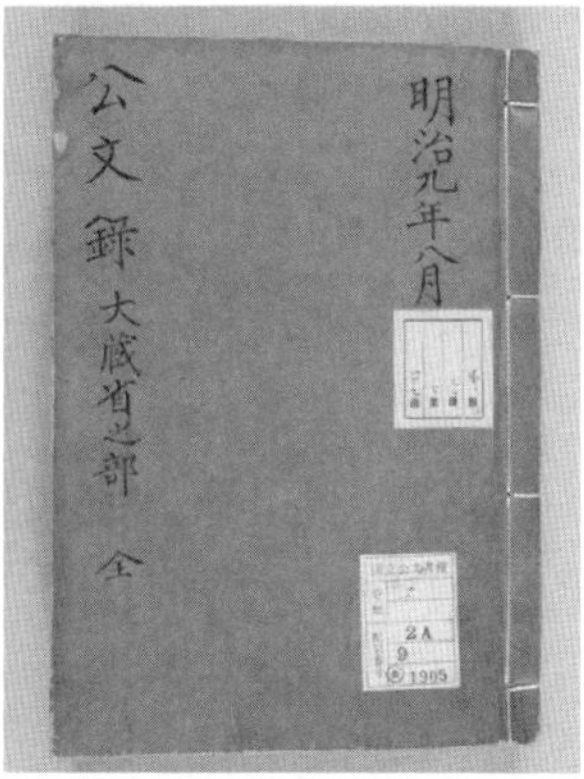

明治政府が元武士に発行した金録公債証書。これが明治時代の発展の出発点となった。

料をもらっていたわけだが、明治4年の廃藩置県後は、明治政府がその支払いを肩代わりすることになった。藩がなくなったからと言って、藩主や武士をいきなり「無職」にするわけにもいかないので、「激変緩和措置」として導入されたものだ。

しかし、その金額は政府財政の3分の1を占めた。明治維新の目的は、欧米に負けない産業を興し、軍備を整え、侵略を防ぐことにあった。この大目標を実現するためには、士族への給料はどこかで打ち切るしかない。

そこで明治政府の首脳たちは思案の末に、士族らに数年分の給料に数％の利子をつけた「金禄《きんろく》公債証書」という国債を発行し、「これで何とかがんばってくれ」ということになった。

士族の多くは、サムライだけあって近代国家建設には大賛成だった。明治政府のこの措置を受け入れ、農家や商人に転じたり、教育者になったりして、自立した生活を築いていった。一方、明治政府はこれでやっと「富国強兵」のための財源を確保できたのだった。

「現代版・秩禄処分」の3ステップ

では、この「現代の秩禄処分」を具体的にはどう実施するか。

（１）自分の収入があったり、老後資金に余裕があって生活を自衛できる層、あるいは、扶養してくれる家族がいる層は、明治期の士族たちのように自立の道に入ってもらう。

その人たちに対して、政府は高齢者が今まで払い込んだ年金保険料分の金額について「年金国債（永久国債）」を発行する。永久国債は、政府に対して

「現代版・秩禄処分」の3ステップ

(1) 老後に自活できる層	→	年金国債(永久国債)を発行して自立の道へ
(2) 余裕のある層	→	国家未来事業債を発行して出資してもらい経済成長を加速
(3) 生活できない層	→	生活保護、就職支援などのサポート

償還を求めることができない国債で、政府の「株式」を発行することに極めて近い。

通常の永久債や永久国債の場合は、毎年、固定した利息がつくが（利息1％なら100年で元が取れる）、年金制度の破綻処理という性格上、それは難しい。

ただ、国民の側のメリットとして、以下の3点がある。

- 転売することができるので、市場で当面の資金を手にすることができる。
- 子孫に有利な条件で相続できるようにする。
- 将来、政府が黒字財政になれば、償還に応じることとする。

政府が年金事業に失敗した「企業」だとして、その「再建」ができれば、政府の「株主」としてメリットが大きくなるという仕組みだ。

（2）この「年金国債」による政府の「再建」をより積極的に進めるのが、「国家未来事業債」の枠組みだ。

資金的に余裕のある富裕層には、これまで払った年金保険料に上乗せして「出資」してもらい、「国家未来事業債」に組み替えるというもの。例えば、年金保険料を計3千万円払い込んでいたある家庭が、追加して2千万円を出し、合計5千万円の国家未来事業債をもらうという具合だ。

公的年金の積立金は2014年時点で約130兆円ある。ここに追加して「出資」してもらうことで、リニア新幹線や都市改造など大規模なインフラ投資を展開することができる。この現代の「富国強兵」によって、経済成長を加速させ、税収を増やし、政府の「再建」を早めるというプランだ。国家未来事業債については、通常の永久国債のように利息をつけることもあり得るだろう。

(3)最後に、収入や老後資金が十分なかったり、扶養してくれる身寄りがない層について触れておかなければならない。

本来、こうした高齢者こそ、政府が助けるべき人たちで、生活保護に近い形の支援をすることになる。ただ、リタイア後も健康が許すならば仕事ができるよう、さまざまなサポートを惜しむべきではない。この分野は、ドラッカーが指摘しているように、宗教団体やボランティア団体が最も活躍できるところだ。

以上、3つの枠組みが「現代の秩禄処分」の大改革だ。

この結果、現役世代は「簡単には政府の世話になりたくない」と、貯蓄を増やしたり、民間の年金商品を買ったり、家族・親族との絆を強めるなどして自分で備え始めるだろう。

政府としては、最低限の民間の年金保険に入ることを義務づけ、老後にまったく備えがない家庭をできる限りなくしていく対応も必要だ。

この「現代の秩禄処分」の大改革は、制度的な問題よりも、国民の持つ「勤・倹・譲」の徳目や、「能力や誇りや自立」を引き出し、奮い立たせることのほうが重要となるだろう。

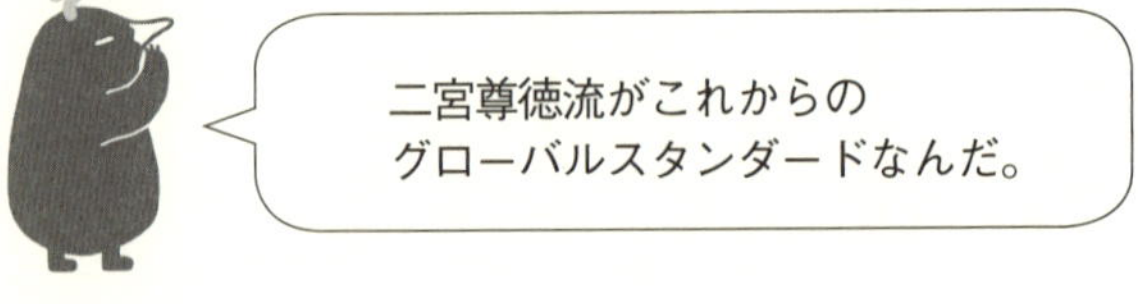
二宮尊徳流がこれからの
グローバルスタンダードなんだ。

尊徳流「心田開発」がこれからのグローバルスタンダード

尊徳の「勤・倹・譲」の徳目は、欧米的な文脈で言えば「セルフ・ヘルプの精神」ということになるが、それを超えるものも含まれている。単にセルフ・ヘルプで終わらず、公共心を持って、他の人たちを発展させる自己へと成長すべきだという考え方だ。

大川総裁は、前出の「ザ・リバティ」２０１４年7月号の論考「未来への羅針盤」でこう述べている。

でも本当は、セルフ・ヘルプで止まってはいけないのです。そこから、公共心を持って、他の人たちを発展させ、押し上げていく努力をするように、自己成長を目指さないといけません。「セルフ・ヘルプから、さらにもう一段

偉大な自己となって、周りの人たちを助けられる自分になりましょう」というところまで押していかないといけないのです。

カーネギーやロックフェラーらが「稼いだお金を世の中にどう還元するか」を人生の一つの目標にしたように、キリスト教圏には、富裕層に根づいた寄付文化がある。ただ、ドラッカーが強調したように、「自らを発展させる力を高める」教育の機能については、十分ではない。

その意味で、人々を「勤・倹・譲」を身につけた人間に成長するよう教え導く尊徳の「心田開発」のような考え方が、これからの国家のあり方や資本主義のグローバルスタンダードになるのかもしれない。

この世の発展を説く「隼型《はやぶさ》」宗教

大川総裁は法話「宗教のかたちについて」で、幸福の科学の教えの特徴を、獲物の獲り方を子供のうちから教える「隼型」に例えた。キリスト教的な他力信仰が強い「猫型」（親が子供をくわえる）、仏教のように自力と他力の両方が組み合わさる「猿型」（子供が自ら親にぶらさがる）と比較しながら解説した。

幸福の科学では、この世での成功の仕方、〝えさ〟の獲り方も教えています。無常、苦、無我から、ただただ避難し、逃れるだけではなく、えさを獲っていく道、この世において積極的に生きていく道も教えているということです。そういう隼的な訓練もしているのです。

幸福の科学では、猫型、猿型だけではない、隼型の、獲物を獲りつつ生きていく道も教えています。これは、「現代において、この世での人間の使命を最大限に果たすためには、どうすればよいか。他の仲間たちを幸福にしてい

くために、どれだけのことができるか」という思想です。

そうした繁栄の思想が入っているところに、幸福の科学の特徴の一つがあると言えます。

幸福の科学の説く教えは「あの世とこの世を貫く幸福」であり、霊界思想が強く出ている一方で、「この世でいかにより良く生きるか」という「発展・繁栄の思想」も強いのが特徴だ。「この世でどう成功するか」を教えるという意味では、尊徳の「心田開発」や、ドラッカーの「人間を変え、自らを発展させる力を高める」役割に極めて近い。

幸福の科学の場合、さらにその先の高みを目指している。

「ザ・リバティ」2001年2月号の論考「人生の羅針盤」で大川総裁は、「**一定の智慧を得たならば、あの世で神様になるのです**」「**智慧のある人は、いろいろな人を教えられるので、神様になるのです**」と述べている。

学び、教えることを通じて、神様に近づいていく道が用意されているのが、幸福の科学の教えであると言える。これこそが、グローバルスタンダードにふさわしいのではないか。

ドラッカー「新しい救世主が登場する」

ドラッカーは、福祉国家をめぐる時代の流れを以下のように俯瞰《ふかん》して見ていた。

17世紀半ばまでは、カトリックやプロテスタントによる「信仰による救済」の時代だった。しかし個人の心の救済はできても、さまざまな社会の問題に対する答えを出すことはできず、マルクス主義に代表されるような「社会による救済」の時代に取って代わられた。戦後の「巨大な福祉国家」はマルクス主義を薄めたものだった。そして、これもすでに終わりを迎えている。

この点についてドラッカーは、著書『ポスト資本主義社会』でこう述べている。

「1989年と1990年に起こった事件（著者注：89年のベルリンの壁崩壊と90年の東西ドイツ統一）は、単なる『一つの時代の終わり』以上のことを意味していた。それは、いわば『一つの歴史の終わり』を意味していた。すなわちマルクス主義と共産主義の崩壊は、私がかつて『社会による救済に対する信仰』と名づけた一つの世俗的信仰によって支配されてきた250年に幕を降ろした」

そのうえで、著書『新しい現実』の中では、これからの時代の「救世主」についてこう予言した。

「こうして今や世界は、新しい救世を待ち望む状況にある。そして『社会による救済』の思想や、大革命という名の救世主再臨の信仰が崩れたからには、新しい種類の予言者と救世主が登場してくることになるのかもしれない」

新しい国家モデルについてのドラッカーの提言を踏まえれば、こう言い換えられる。

「能力や誇りや自立を取り戻す」という、一見厳しいことを教える宗教が登場し、実際にそれを学んで「人間が変わった」という人たちが続出するならば、それは「新しい救世主」であろう。

そしてその教えは、「冷酷で非情な福祉国家」を終わらせ、「愛と慈悲の国」を新しくつくる革命を起こすことだろう。

第4章のポイント

1

福祉国家は、現実には不可能な「仕送り」を高齢者にしており、「非人道的」。

2

これからの福祉は、「人間を変え、能力や誇り、自立を取り戻す」ものになる。

3

二宮尊徳の「勤・倹・譲」のような一見厳しい徳目が、政治に愛や慈悲をもたらす。

【主な参考文献】

大川隆法『宗教のかたちについて』（宗教法人幸福の科学）
大川隆法『正義の法』（幸福の科学出版）
大川隆法『富国創造論』（幸福の科学出版）
大川隆法『日本の夜明けに向けて――大川隆法政治講演集２００９第３巻』（幸福実現党）
大川隆法『「未来創造学」入門』（幸福の科学出版）
大川隆法『幸福実現党宣言』（幸福の科学出版）
大川裕太『幸福実現党テーマ別政策集２「減税」』（幸福実現党）
ミルトン・フリードマン『資本主義と自由』（日経ＢＰクラシックス）
『ドラッカー名著集７　断絶の時代』（ダイヤモンド社）
『ドラッカー名著集８　ポスト資本主義社会』（ダイヤモンド社）
Ｐ・Ｆ・ドラッカー『未来への決断』（ダイヤモンド社）
『ハイエク全集１―５　自由の条件［Ｉ］　自由の価値』（春秋社）

二宮尊徳『二宮翁夜話』（中公クラシックス）
大貫洋『二宮尊徳の生涯と業績』（幻冬舎ルネッサンス）
落合弘樹『秩禄処分』（中公新書）

第5章

「国営ネズミ講」の年金制度に国民は騙されている

現在の年金制度はすでに維持できないことは明らかだ。
そのため、社会保障の充実を口実に増税していくと、
大変なことになる。
過度な社会保障は、人間性を損う
非人道的な制度にほかならない。

消費税は将来70％へ向かう？

本章では、改めて年金問題の本質について深く掘り下げて見ていきたい。

消費税は２０１４年４月に８％に引き上げられたが、２０１７年４月には10％になる。今の自民党政権もその前の民主党政権も、「税と社会保障の一体改革」をうたっており、増税分は年金や医療、介護に使われることになる。国民は、年金などの制度が維持され、いずれ自分たちに返ってくるのであれば、消費税増税もやむを得ないと受け止めている。

しかし、社会保障のコストは毎年３～４兆円ずつ増えている。税と「一体化」していいのだろうか。

国際通貨基金（ＩＭＦ）は２０１３年に出したレポートで、「日

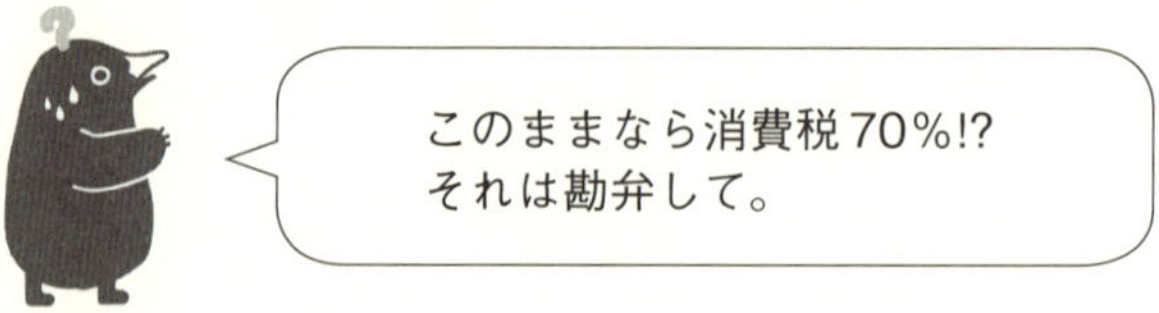

本の消費税は15％に引き上げるべきだ」と主張した。現時点の社会保障にからむ赤字と、これから10年間の社会保障の負担増をまかなうには、消費税15％が必要という理屈だ。実は、日本はアメリカに次いで第二のＩＭＦ出資国であり、財務省からの出向者が数多くいるため、ＩＭＦは財務省の考えを代弁しているという事情がある。

ただ、数十年先を考えれば、それでは済まない。第4章でも述べたが、原田泰・元早大経済学部教授の試算では、２０６０年の時点で消費税は68・5％になるという。高齢者１人当たりの社会保障給付費（65歳以上１人当たり２８１万円）が変わらず、保険料や消費税以外の税の引き上げをしない場合、人口予測に基づいて消費税がどこまで上がるかを試算したものだ。少子高齢化の中、高齢者が増え、現役世代は減る。社会保障を成り立たせるために、保険料を上げたり、所得税や相続税を上げたりする選択もあるが、消費税に限って上げていくとすれば約70％になるという計算だ。

これで国民の税負担が所得の7割を占める福祉大国スウェーデンと同じレベルに到達する。

なぜこれほどの重税になるかというと、年金も医療も介護も、現役世代から集めたお金を高齢者に〝横流し〟する「賦課《ふか》方式」を採っているため。民間の保険のように個人の口座が独立して、そこに積み立てられているわけではないので、実質的に単なる税金のバラマキだ。

厚生年金の「世代別損得」の差は6000万円も！

1940年生まれ	+3,090
1945年生まれ	+1,770
1950年生まれ	+770
1955年生まれ	+210
1960年生まれ	-260
1965年生まれ	-660
1970年生まれ	-1,050
1975年生まれ	-1,380
1980年生まれ	-1,700
1985年生まれ	-1,980
1990年生まれ	-2,240
1995年生まれ	-2,460
2000年生まれ	-2,610
2005年生まれ	-2,740
2010年生まれ	-2,840

単位：万円

1940年生まれと2010年生まれの差額は5930万円

図中の数字は、自身の払った年金の金額と引退後にもらえる金額の差。

（『財政危機と社会保障』鈴木亘著より）

公的年金は「国営ネズミ講」

政府は「払った金額の何倍もの年金を全員がもらえる」と宣伝し、1970年代から大胆なバラマキを始めた。その結果、鈴木亘・学習院大教授の試算では、70代の人は一生を通じて平均で、払った分より約3千万円多くもらい、今生まれたばかりの子供は逆に3千万円近くの損になる（注1）。

「宣伝」通りにいかないのは、現

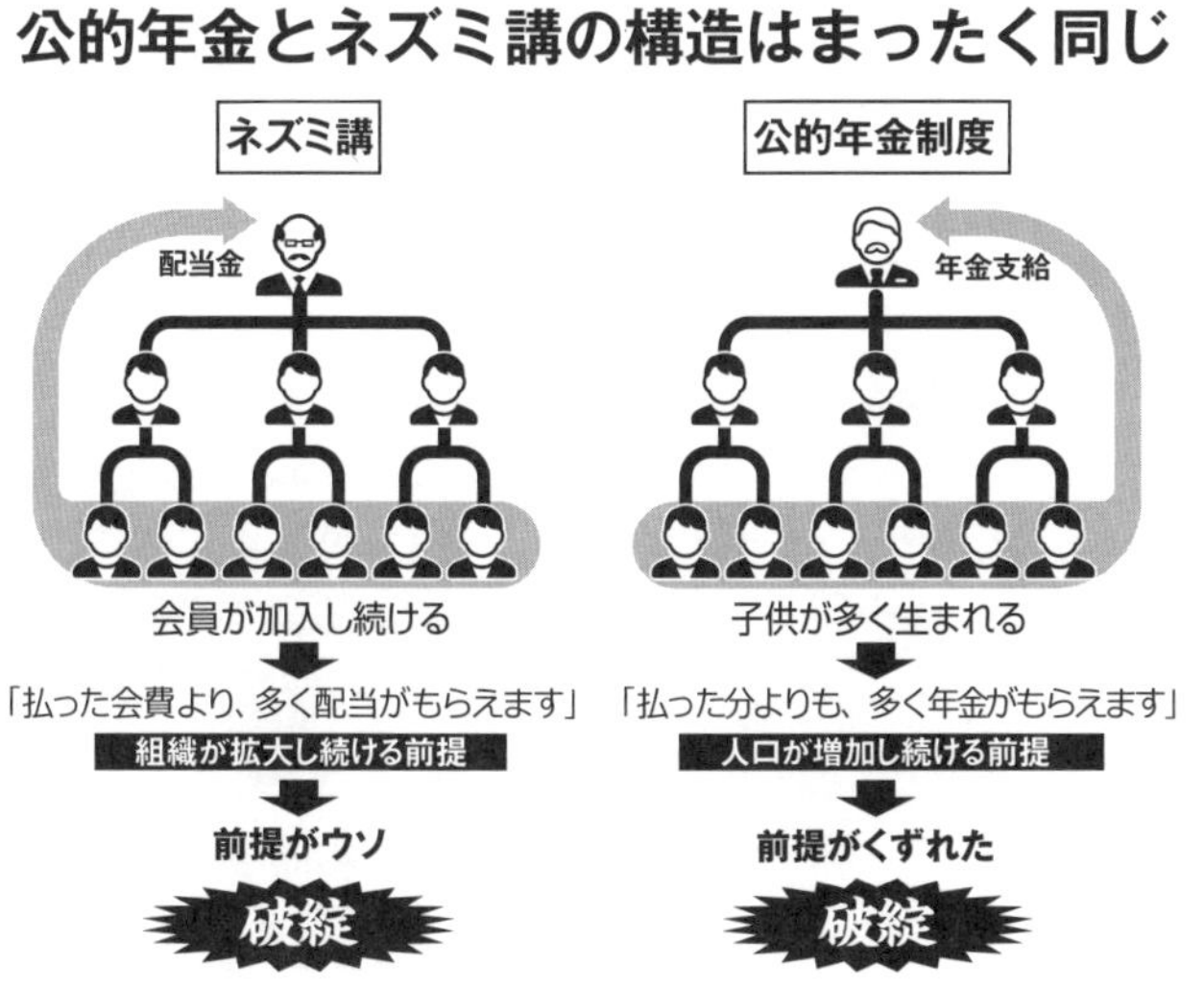

役世代の人口が増えつづけるのを前提とした仕組みだからだ。実際には少子高齢化で現役世代は減りつづけるので、高齢者に〝横流し〟するお金が途切れてしまい、制度自体が成り立たなくなる。公的年金の構造は、必ず先に入っている加入者が得をする一方で、後から入った加入者が損をし、最後は破綻する「ネズミ講」とまったく変わらない。

ただ、公的年金がそう簡単に破綻しないのは、ネズミ講組織と違って、政府に「徴税権力」があるから

年金積立金がなくなっている！

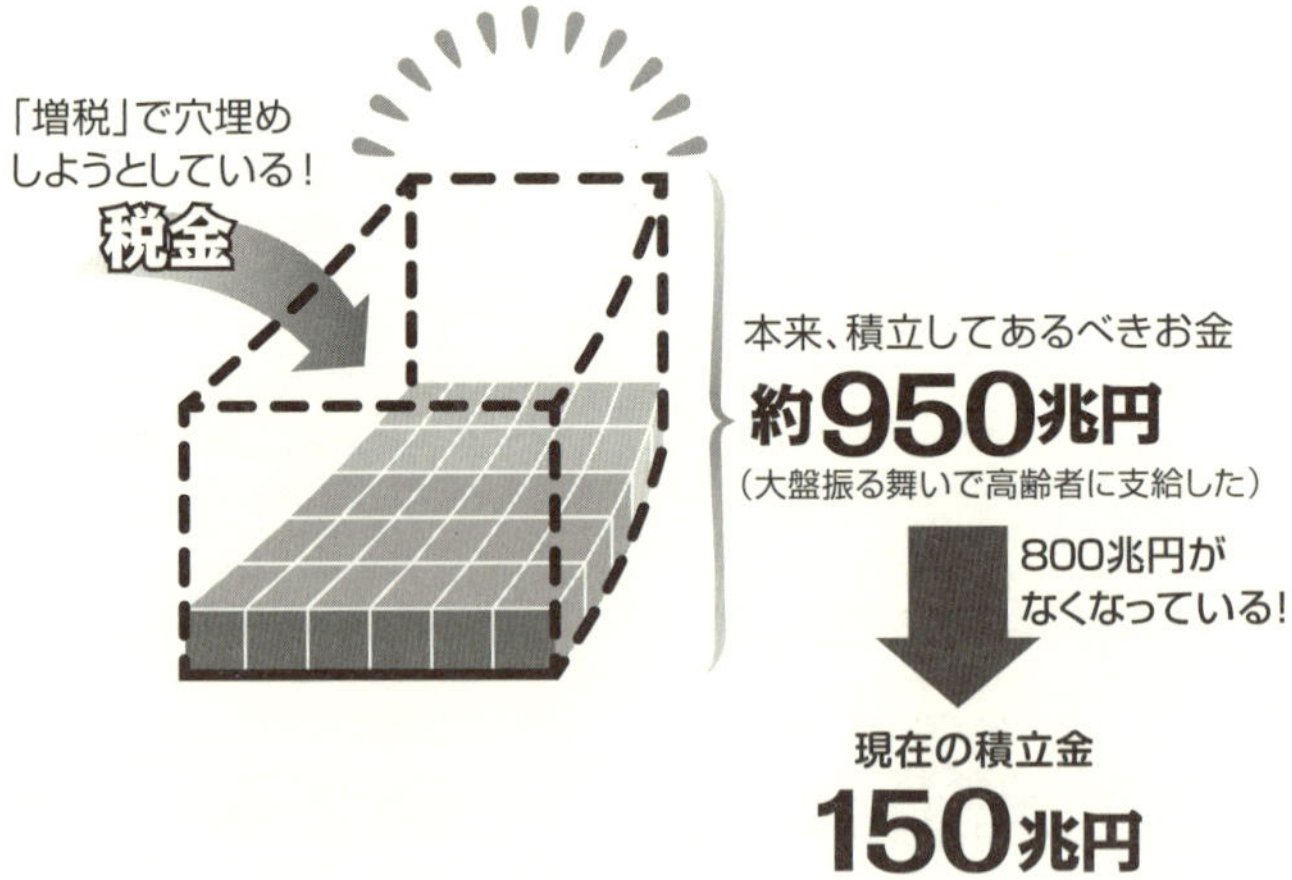

だ。今のところ現役世代がより多くの保険料や税金を払って損をすることで、何とか成り立っている。「積立方式」だと偽って集めていた積立金を取り崩すことも、制度延命の方法だ。そして何よりも、今回の消費税増税のように税金を引き上げ、社会保障に投入すれば、相当の年数、生き延びさせることができる。

政府が40年以上にわたってバラまいたお金は８００兆円にのぼるという。公的年金として国民に支払いを約束している金額からすれば、９５０兆円の積立金がなければならないが、２００９年時点で残っているのはたった１５０兆円で、不足が８００兆円にのぼる。これに医療、介護でバラまいた金額も加えると、不足分は１４００兆円規模になるという（注２）。

この穴を埋めるために政府は消費税を増税し、政府による詐欺組織「国営ネズミ講」を無理やり存続させようとしているのだ。

（注１）鈴木教授の試算によると、１９４０年生まれの世代は、払った額よりももらえる額

のほうが平均で3090万円も多い。一方、1965年以降に生まれた人たちはマイナスになって、2010年生まれの幼児は2839万円の損になる。

（注2）鈴木教授らの試算。

年金と増税――国民は二度騙《だま》されるのか

年金をめぐる詐欺ということでは、2012年2月に発覚したAIJ投資顧問による年金資産消失事件が話題となった。中小企業の年金基金から2千億円余りの資金を集め、その9割を消失させた事件だ。

「虚偽の法外な運用利回りをうたっていた」として詐欺罪などに問われたのだが、「法外」と言う利回りは2006年以降で5〜9%。それをまかなうため、新規顧客から手に入れた資金を右から左に流用する自転車操業を繰り返していた。

ただ現在、公的年金が約束している運用利回りは4・1%。5%よりはさすがに少ないが、「高利回りをうたって資金を集め、右から左に流す自転車操業」という点では、ＡＩＪ事件も今の公的年金もまったく同じだ。

ＡＩＪ投資顧問は資金繰りが行き詰まって、無理な経営実態が表沙汰になり、社長らが詐欺容疑で立件された。公的年金の場合、税金を引き上げて穴埋めしつづけているため、「無理な経営実態」を誤魔化すことができる。

「消費税率70％」に向かう税と社会保障の一体改革は、国家的「詐欺事件」を隠《いん》蔽《ぺい》するための新たな「犯罪」と言っていい。国民は二重に騙された被害者だ。

消費税増税を決めた自民党、公明党、民主党などの政治家、その振り付けをした厚生労働省、財務省の歴代幹部たちはいずれ、1千兆円規模で国民の老後の備えを食いつぶした罪を償わなければならない。国民の怒りは、必ず爆発するだろう。

イギリス病にかかり、監視社会になる日本

このままでは日本は、大変な「重税国家」になってしまう。

大川隆法・幸福の科学総裁は著書『「未来創造学」入門』で、税と社会保障の一体改革について、「**必ず、英国病のようなものにかかるはずです**」と指摘した。英国病（イギリス病）とは、イギリスがかつて社会保障のための重税や産業の国有化などによって極度の経済不振に陥ったことを指す。

イギリスは1970年代に、所得税の最高税率が83%、株や相続など不労所得の最高税率が98%に達した。貴族階級など大資産家は節税を徹底したが、優秀な学者や技術者などの中流階級はアメリカなど海外へ逃げ出した。

日本もかつてのイギリスの後を追っている。政府は2015年1月から、所得税の最高税率を40%から45%に引き上げた。住民税を合わせると55%で「五公五民」を超えた。日本の高所得者は、社会保険料も合わせれば所得の7割を取られ

ている。スイスの11・5％、ロシアの13％、香港の15％（標準税率15％と、2〜17％の累進税制との選択）など、各国が引き下げ競争を展開する中、日本はなぜか逆を向いている。

同時に相続税も最高税率が50％から55％に引き上げられた。これもスイスやオーストラリア、ニュージーランドなど多くの国が相続税を０％とする中、突出した高さだ。財務省は、家計の金融資産１７００兆円の６割を持つ60歳以上に狙いを定めている。

マルクス、エンゲルスの『共産党宣言』は強度の累進課税の実施と相続権の廃止をうたい、資産家を敵視したが、それが緩やかに日本で実行されようとしているということだろう。

富裕層を追い詰める仕掛けは、今後いくつも用意されている。

序章でも述べたが、マイナンバー制が２０１６年から導入される。納税実績や社会保障給付などを一つの番号で管理し、国民の所得を正確につかむのだという。

加えて2013年12月から、海外に5千万円以上の資産がある人は、その内容を国税庁に提出することを義務づけられている。株式、預金、保険、不動産などすべての国外財産について報告しなければならない。

これだけ個人資産が丸裸にされると、スウェーデンの徴税の仕組みに極めて近くなる。スウェーデンでは、個人の所得に関する情報を一般にも公開しており、国税庁に電話すれば誰でも、赤の他人の所得額を教えてもらえる。その目的は、「外から見て、分不相応に派手な暮らしをしている人がいたら、密告させる」ことにある。国民同士で見張らせる「監視社会」ができ、富める者からどんどん税金をむしり取っていこうとしている。

日本もこれに近づいており、それに対し逃げ場を求め、相続や贈与にあたって子供や孫に日本国籍を捨てさせるケースまで出てきている。日本はすでにイギリス病にかかっているかもしれない。

ソ連は国家規模の「姥捨《うばす》て山」だった

イギリスは戦後、「ゆりかごから墓場まで」のスローガンの下、「どんな仕事や生活をしていようが、政府がすべて面倒を見る社会」を実現しようとした。それを後にひっくり返したサッチャー元首相は当時を回顧し、「労働と自助努力を尊ぶ気持ちに代わり、怠惰と誤魔化しを奨励するねじ曲がった風潮をもたらした」と述べている。つまり、「怠け者」を大量に生んだのだ。

単なる怠け者ならばいいが、国民が物乞《ものご》いのような発想になれば、ペットのように政府に飼い慣らされるだけの存在になってしまう。そこまでいけば、政府に依存しなければ生きていけなくなる。それが世界で初めての社会主義国・ソ連で起こったことだ。

１９２２年に成立したソ連は、「ゆりかごから墓場まで」をイギリスに先駆けて実現した。憲法には「国民が健康になる権利」がうたわれたが、国営や公営だけの「独占」状態では、医師に賄賂を渡さなければ命も危ないほど医療の質が低下した。

米ミーゼス研究所のユーリー・マリツェフ氏は２０１２年のレポート「ソ連の医療は何を教えるか」で、年齢差別が今でもあり、「ロシアでは60歳以上の患者は価値がないと見なされ、70歳以上の患者は初期治療も拒否されてしまう」と書いた。ソ連時代はもっとひどく、「高齢の患者は死んでくれ」という国家規模の「姥捨て山」だった可能性が高い。

実はアメリカでも、この「高齢者差別」が広がるかもしれない。オバマ大統領が肝入りで始める準国民皆保険「オバマケア」の設計者であるエゼキエル・エマニュエル氏（アメリカ国立衛生研究所の臨床生命倫理部門ディレクター）は医学専門誌でその考えを発表している。「65歳の人よりも25歳の人（への医療）が優先されたとしても、今65歳の人はかつては25歳だった」ので、高齢者を差別しても構わないと言うのだ。

ソ連での社会主義の実験はその理想とは裏腹に、「お年寄りが大切にされない社会」へ至り、「地獄への道は、善意で舗装《ほそう》されている」という格言を地で行くものとなった。それがロシアで尾を引き、自由の大国アメリカを浸食し、日本も同じ道をたどっている。

経済学者ハイエクは、著書『自由の条件［Ⅲ］　福祉国家における自由』でこう述べている。

「今世紀末（著者注：20世紀末）に引退する人の大半は、若い世代の慈善を頼りにすることが確実になるであろう。そして、究極的には、道徳でなく、青年が警察と軍隊をもって答えるという事実が、問題を解決するであろう。自分自身を養えない老人の強制収容所が、青年を強制するしか所得を当てにすることのできない老人世代の運命となるであろう」

非人道的な社会保障制度が、家族の絆を壊す

手厚すぎる社会保障は決して国民のためにはならない。大川総裁は、著書『吉田松陰は安倍政権をどう見ているか』のまえがきで、こう指摘した。

「税と社会保障の一体改革」は、共産主義的ユートピアの幻想である。早くポピュリズムのワナから抜け出して、自助努力からの発展繁栄こそ、真の資本主義的ユートピア社会であることに気づかれよ。

第4章で論じた通り、現在の制度でリタイア夫婦に支払われる額は約500万円。赤の他人に両親を任せることで、明らか

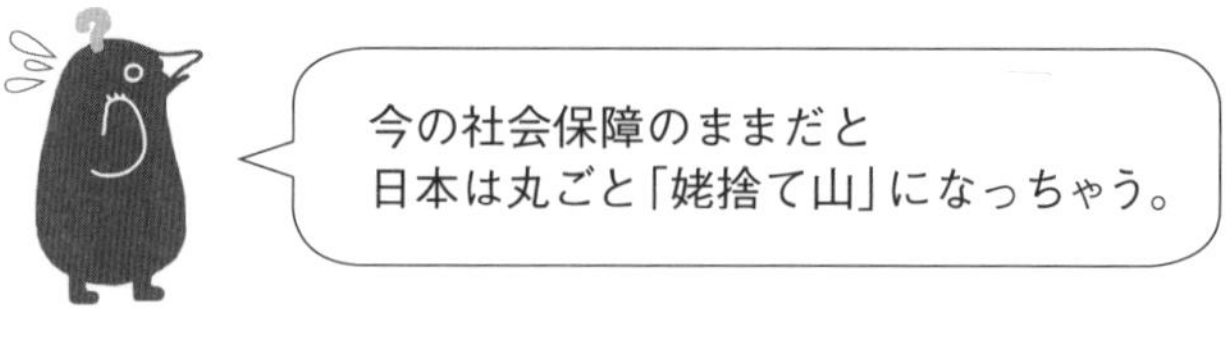
今の社会保障のままだと
日本は丸ごと「姥捨て山」になっちゃう。

に2倍以上のお金がかかるようになっている。この計算だけでも、社会保障のために税金を引き上げていく「税と社会保障の一体改革」は成り立たないことは明らかだ。

単に金額の問題だけではない。前章でも簡単に触れたが、アメリカの経済学者フリードマンは著書『選択の自由』で現代の社会保障制度について以下のように述べている。

「社会保障制度は強制的であり、非人格的である」

「子供が両親を助けるのは義務からではなくて、愛情からだ。ところがいまや若い世代は、強制と恐れのために誰か他人の両親を扶養するため、献金をさせられているわけだ」

「今日の強制による所得の移転は、家族の絆を弱めてきた」

家族の絆が弱まり、その結果、政府の負担が大きくなっている。

オランダのアレクサンダー国王は2013年9月、次の年の政府予算提出にあたって議会で演説し、「20世紀後半の福祉国家は持続不可能となっている」と述べた。国王の演説はルッテ現政権による施政方針演説に当たり、オランダ政府の方針だ。

国王は演説でこうも語った。「古典的な福祉国家はゆっくりと、しかし確実に『参加社会』へと変化している。可能な人は自分や周りの人々の生活の責任を負うことが求められている」。参加社会については、「市民が自分で自分の面倒を見て、退職者の福祉といった社会問題に対する解決策をつくり出す社会」と説明した。

「福祉国家が持続不可能」なのはオランダだけではない。財政赤字に苦しむ日本も、アメリカも、他の先進国も、みな同じだ。

勤勉の精神に基づく資本主義的ユートピアを目指せ

サッチャー氏が力説したように、「働かざる者、食うべからず」という人生の基本に立ち返るしかない。政府が貧しい人にどれだけ金銭を与えても、根本的な解決にはならない。サッチャー氏は「その人が自分でできること、また自力でやるべきことを、その人に代わってやってあげても、恒久的な助けにはならない」と語っていた。必要なのは、自己責任の考え方や勤勉の精神だ。

日本のいびつな社会保障をつくり上げた政治家、官僚はいずれ責任を取らされ、年金・医療・介護の公的制度は、解体されるか民営化されなければならない。

それに伴い、所得税、法人税などの大減税が行われる。相続税、贈与税は廃止できる。序章で述べたように、国民の財産とその財産を生み出す勤勉さを守るのが、政府の最も大切な仕事だ。

国民としては、若い世代は人生設計を立て、勤勉に働き、財産をつくる。あるいは、子育てに励んで、将来面倒を見てくれる親孝行な子供をつくるのも一つの道だ。高齢の方や老後が近い方は、可能なら今からでも奮起して、安心できるところまで稼ぐ手立てを考えるべきだろう。

もちろん、経済的に失敗してしまった人、家族の助けが得られない人、どうしても働けない人を救うセーフティー・ネットを用意するのは政治の仕事になる。「飢えず、凍えず、雨露がかからない生活、病気の際に痛みを取り除く医療」は誰にとっても不可欠だ。

「社会保障と税の一体改革」は成り立たず、まったくの幻想だ。自己責任と勤勉の精神を復活させ、「資本主義的ユートピア」を目指してこそ、日本もアメリカもその他の先進国も、新たな「姥捨て山地獄」を阻止できる。「重税国家」から「減税国家」への大転換が必要だ。

第5章のポイント

1

社会保障費をまかなうために増税すると、消費税は70％になる。

2

公的年金制度は、末広がりに加入者が増大することを想定しており、「ネズミ講」と同じ。

3

「他人の両親」を扶養することを強いる社会保障制度は「非人道的」。

【主な参考文献】

大川隆法『「未来創造学」入門』（幸福の科学出版）
大川隆法『吉田松陰は安倍政権をどう見ているか』（幸福実現党）
大川隆法『富国創造論』（幸福の科学出版）
鈴木亘『財政危機と社会保障』（講談社現代新書）
ミルトン・フリードマン『選択の自由』（日本経済新聞出版社）
『ハイエク全集　自由の条件［Ⅲ］　福祉国家における自由』（春秋社）

第6章

「大きな政府」を克服するための人間観

「大きな政府」の問題は、
それが人間性を徐々に蝕んでいくこと。
この考え方を克服するためには、
人間の幸福の本質を
深く探究することが必要だ。

先進諸国を蝕《むしば》む「大きな政府」

21世紀の世界の大きな問題は、どの先進国でも「大きな政府」となってしまったことだ。「大きな政府」とは、社会保障を含め、さまざまな分野へ権限を拡大しようとする政府のこと。各国とも、この大きな政府で社会保障を成り立たせられるか悩んでいる。日本も公的年金がもう成り立たないと分かってきているのに、政府は消費税の増税で何とかまかなえると考えている。

社会保障による巨額の財政赤字は先進国共通で、前章で触れたようにオランダ国王は「福祉国家は持続不可能」とさじを投げたほどだ。

こうした深刻な問題に何かしらの「答え」を出すのが、現代の学問の役割だろう。

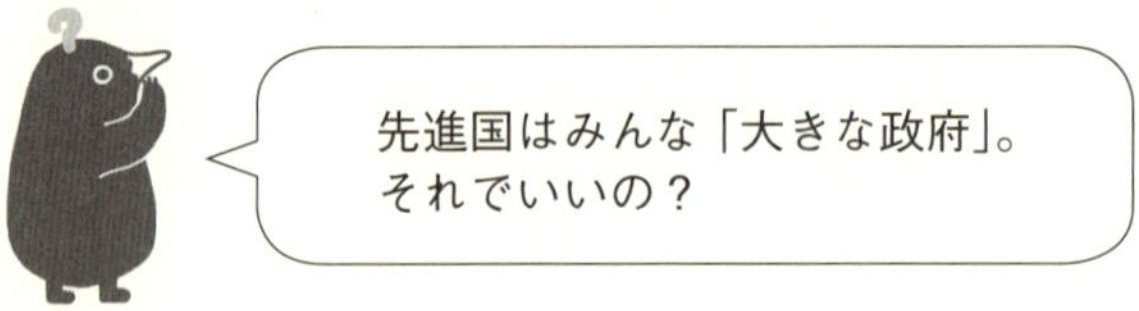

大川隆法・幸福の科学総裁は、これまで説いた教えをもとに「人間幸福学」という新しい学問を打ち立てている。文字通り「どう生きたら人は幸福になるか」ということを探究する学問で、ここから「未来創造学」という学問も派生してきている。

「未来創造学」は、既存の学問分野で言うと、政治学や法学、国際政治学、経済学なども含む。この新しい学問は、この社会保障の肥大化という問題にどんな答えを出そうとしているのだろうか。

幸福とは、後世への最大遺物を遺すこと

「人間幸福学」で言う「人間」は、この世限りの存在ではない。人間の本質は魂であり、あの世とこの世の間を転生輪廻《てんしょうりんね》している存在だ。地上での人生は魂修行であり、その生き方が善か悪かで、死後の行き先が天国か地獄かに分かれる。

大川総裁はこれまで何百人、何千人というあの世の霊と対話し、それを映像や書籍という形で世に問いつづけてきた。それにより蓄積してきた善悪の価値判断を学問的にも学べるようにしようというのが「人間幸福学」だ。

近代の学問は17〜18世紀、あの世や神の存在を追い出すことで成立した。それ以前、中世ヨーロッパの人々はキリスト教会の価値観に縛られていたため、それを打ち破る啓蒙思想が登場したこと自体は時代の要請だった。ただ、「神やあの世を学問と分けよう」と考えることが、「神やあの世はない」という無神論・唯物論へ堕落しているのが、現代の学問の姿だ。その結果、あらゆる学問から、何が正しく何が間違っているかという本質的な価値判断がなくなってしまった。

日本の場合、西洋的な「神なき学問」に加えて、戦後の日本的な「政教分離」が加わった。もともとは「国家神道による他の宗教への弾圧を禁ずる」というものだったが、神道だけを名指しするわけにはいかないので、「すべての宗教が政治や社会に関与してはならない」と捉えられ、宗教が社会の裏側に閉じ込められるようになった。そのため、日本の学問は特に善悪の価値判断が弱くなってしまっている。

しかしそもそも学問の役割は、人生における善悪を判断し、何が人間にとって幸福か答えを出すことだった。学問の祖とされる古代ギリシャの哲学者ソクラテスも、魂が抜け出して霊界に行っていたとも言われている。その〝見聞〟をもとに「善く生きるとはどういうことか」「魂における幸福とは何か」を説いたことも、大川総裁と同じだ。学問の本来の役割に立ち返ろうというのが「人間幸福学」だと言える。

大川総裁は「幸福とは何か」を問われた質疑応答で、幸福の第一段階は神仏への信仰心を持って日々生きること、第二段階は他の人々に愛を与えて生きること、そして第三段階として、こう述べた。

死んでから後に影響力が出て、後世まで大きく遺るもの、「後世への最大遺

物」を遺すことができる人々は、幸福論で言うと、次の段階に行っているのではないかと思います。

（『幸福の科学大学創立者の精神を学ぶⅡ（概論）』より）

自分たちの手で良き社会をつくる「活動＝アクション」

この考え方は、20世紀の哲学者アーレントの言う「活動＝アクション」に通ずるものだ。

アーレントは、「自分がこの世に生きた証を後世に遺したい」という気持ちが実現する過程で、人は幸福を味わうことができると考えた。単に家庭内などの私

「この世に何を遺すか」——。アーレントの考えた人間の幸福はマルクス主義の対極にある。

的幸福だけでなく、自分たちの手で法律や憲法、政府をつくって、公的幸福を創り出していくことは「自由の創設」であり、政治の最高の理想だとした。

それに対し、共産主義国では、政府の役人の〝命令〟によって国民の生活が圧迫されているが、同じことは先進国でもかなりの部分、実行されている。

実際、厚生労働省の年金課長の計算によって、年金生活者の生活レベルが決まっている。これは官僚による巨大な「命令社会」だ。人々はその〝命令〟に従う「檻《おり》の中の動物」として生きることを強いられる。

これは「自分たちの手でより良い社会をつくり出していこう」という自由があるアーレントの理想とは正反対の位置にある。国民の側から見ても、「政府に面倒を見てもらおう。お金をできるだけたくさん配分してもらおう」という精神性は、アーレントの言う自由とは正反対のものだ。

唯一の存在として「生きた証」を遺す幸福

アーレントは主著『人間の条件』で、「活動」の背景にある人間の「複数性＝プルラリティ」についてこう語っている。

「多数性（複数性）が人間活動の条件であるというのは、私たちが人間であるという点ですべて同一でありながら、だれ一人として、過去に生きた他人、現に生きている他人、将来生きるであろう他人と、けっして同一ではないからである」

「人間は一人一人が唯一の存在であり、したがって、人間が一人一人誕生するごとに、なにか新しいユニークなものが世界にもちこまれる」

アーレントは、人間は誰一人として同じ存在はいないからこそ、政治や言論などの「活動」によってオリジナルの「生きた証」を後世に遺していくべきだと考えたのだった。「大きな政府」の下での画一的な生活とは、やはり正反対だ。

またアーレントは同書で、「『活動する』というのは、最も一般的には、『創始する』、『始める』という意味である」と述べている。

神仏に創られた一人ひとりの魂が、何かしらの「人生の目的と使命」を持って生まれてきて、地上で〝今までにない新しい何か〟を始めるのが人生だ、と解釈できる。

この点について、大川総裁は著書『政治の理想について』でこう述べている。

「自分の人生を使って、この世に一石を投じ、この時代に自分が生きた証となる、何らかのモニュメント、記念碑を遺したい」という気持ちです。「この時代に生きた証を、自分の活動を通して遺したい」という気持ちがあり、それが実現される過程において、人間は真なる幸福の一つを味わうことができると思うのです。

この幸福は、やはり否定できないものです。

吉田松陰の人生は「アクション」の極致

明治維新の思想的源流だった吉田松陰は、30歳の若さで斬首される3カ月前、弟子の高杉晋作に手紙でこんな言葉を遺した。

「死して不朽《ふきゅう》の見込みあらばいつでも死ぬべし。生きて大業《たいぎょう》の見込みあらばいつでも生くべし」

晋作が「男子はどこで死ぬべきですか」と問うたのに対する松陰の答えだった。その後、処刑の直前に書いた遺書でもある『留魂録《りゅうこんろく》』では、「終《つい》に事を為すこと能《あた》わず今日に至る」と悔しさをにじませている。

吉田松陰の生き方は、後世に大いなる遺産を遺した。

松陰が目指したのは、天皇を擁《よう》して幕府と全面対決すること。そして、植民地主義の欧米に対する攘夷《じょうい》と富国強兵的な開国政策という一見矛盾する外交・国防政策。これらは松陰が生きている間には実現せず、松陰の人生だけを見れば、挫折ばかりの人生だった。それが「終に事を為すこと能わず」という言葉に表われている。

しかしながら、松陰の死後、長州藩は幕府との戦争に突入し、王政復古も実現した。さらに欧米への攘夷は、その後80年以上にわたって、日露戦争、大東亜戦争を通じた植民地支配からのアジア解放という形で成就した。『留魂録』に記した辞世の句「身はたとい武蔵の野辺《のべ》に朽ちぬとも、留め置かまし大和魂」の通り、松陰が遺した大和魂が、アジアでの人種差別主義を一掃したと言える。

地上の人生を駆け抜けた松陰の生き様は、アーレントの言う、自分がこの世に生きた証を遺す「活動＝アクション」の極致と言っていいだろう。

未来創造学が「大きな政府」に引導を渡す

これまで論じてきたように、人間の幸福のためには、自らの手で社会を変えていけることが必要で、そのためには自由が大前提となる。こうした考え方の背景には、人間はこの世限りの存在ではないという「人間幸福学」と「未来創造学」の宗教的世界観がある。

現代の巨大福祉国家の源流となったマルクスは、「あの世も神もないから、この地上で救われなければならない」と考えた。一方、アーレントは「永遠の生命を持つ人間が、地上の人生で何を遺せるか」を考えた。人間は弱々しくて救わなければいけない存在ではなく、それぞれ主体的に自分の人生を切り開いたり、より良い社会をつくり出していける自由がある、という思想だ。

宗教の教えをバックボーンとする学問や、ＨＳＵのような教育機関に対しては、「自由がない」とか「洗脳される」というような印象を持つかもしれない。しかし実際にはその反対だ。

宗教が学問のバックボーンになることの例として、ソクラテスが「ソクラテスより賢い者はいない」というデルフォイの神託を受け、それが本当なのかどうか世間で智者と言われる人たちと問答を重ねたことが挙げられる。ソクラテスは「神の言葉をどう受け止めたらいいのか。どう実践したら幸福になるのか」を考えつづけた結果、学問の祖となった。

大川総裁は、著書『政治哲学の原点』でこう指摘している。

宗教の多様性を認めると、個人として人格を陶冶《とうや》することや、教養を深めること、それから、精神レベルを高めることを促し、先ほど述べた、“Thinkable Man”「考えることができる人間」を、多数、輩出することができます。

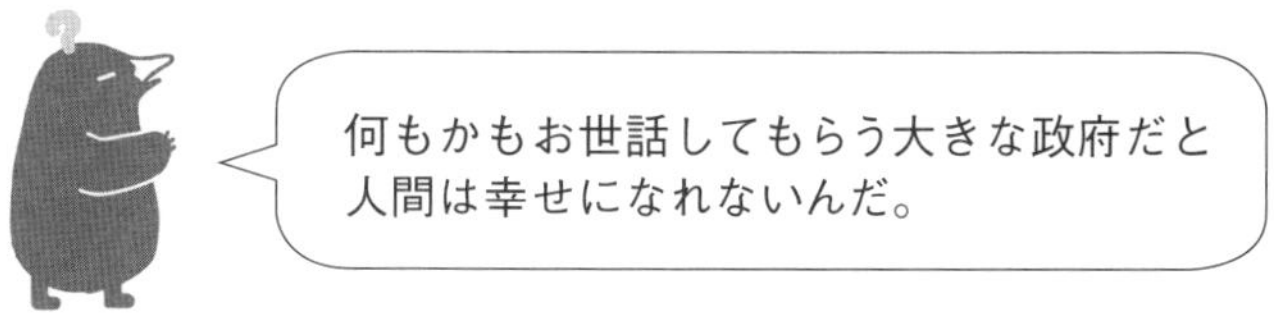
何もかもお世話してもらう大きな政府だと
人間は幸せになれないんだ。

宗教と学問が協力して、「考えることが可能な人間」をたくさんつくることができます。それは「自由人」を生むことになるでしょう。

逆に宗教の多様性を認めない、排他性の強いイスラム教やキリスト教の原理主義の下では、「考えることができない人」がたくさんつくられ、テロや戦争、圧政が続くことになる。

「正しさとは何か」「人間の幸福とは何か」を考えつづける中に、「未来創造学」が形づくられていく。ゆえに、「未来創造学」は自由のない全体主義から最も遠いところにあるべきものだ。当然ながら、何か特定の政治制度をつくればそれでうまくいくというものでもない。一人ひとりが、自分の人生や未来社会を創っていこうという自立した個人になることが、この「未来創造学」の目的の一つだろう。「未来創造学」はこうした「自由からの未来創造」が基本理念であり、アーレントの政治哲学と重なる部分が多い。この学問の発展が、先進国をマルクス主義的な「大きな政府」から救うことになる。先に述べたような「重税国家」から「減税国家」への大転換も、霊的な人生観を前提として、「人間の幸福とは何か」を探究しつづける中で成し遂げられていくだろう。

第6章のポイント

1
「神の存在」「魂の不死」を前提とし、学問として善悪の判断をすべき。

2
人間の幸福は、自分たちの手で良き社会を築き、後世に遺産を遺すことにある。「大きな政府」では実現できない。

3
「自由からの未来創造」を理念とする「未来創造学」が「大きな政府」を克服する。

【主な参考文献】

大川隆法『幸福の科学大学創立者の精神を学ぶⅡ（概論）』（幸福の科学出版）
大川隆法『「人間幸福学」とは何か』（幸福の科学出版）
大川隆法『「未来創造学」入門』（幸福の科学出版）
大川隆法『政治哲学の原点』（幸福の科学出版）
大川隆法『政治の理想について』（幸福の科学出版）
大川隆法『忍耐の法』（幸福の科学出版）
大川咲也加『人を動かす誠の力』（幸福の科学出版）
ハンナ・アレント『人間の条件』（ちくま学芸文庫）
『吉田松陰　留魂録』（講談社学術文庫）

Step3

「新しい資本主義」の時代を開く
――2030年の新しい社会

第７章

「資本主義の終わり」を乗り越える4つの条件

今後の日本と世界を真に発展させるための方法とは何だろうか。
近代の資本主義が「行き詰まっている」と言われているが、
そこで指摘される課題の多くは克服可能だ。
「創造する頭脳」が
「新しい資本主義」の時代を開くだろう。

「資本主義が終わる」３つの理由

日本経済の長期停滞は序章でも触れたように、「失われた25年」と言われているわけだが、同時に「資本主義が終わった」とも言われている。

２０１５年10月時点で、長期金利の指標となる10年国債の利回りが日本は０・３％前後。アメリカやイギリスは２００８年のリーマン・ショック以降、長期金利が２％程度で、日本が超低金利で突出している。

低金利というのは、お金を借りる際の値段が安いということで、お金があり余っていることを意味する。日本の企業は銀行から借りる以前に３５０兆円以上の内部留保を持っているのに、新たな投資に対して立ちすくんでいる状態だ。

お金を持っているだけで、利子がつくような時代ではもうなくなった。ということは、これはある意味で「資本主義経済の終わりが来ている」ということだと思うのです。

これは、大川隆法・幸福の科学総裁が2014年3月の法話「未来創造の帝王学」で語ったものだ。

近代の資本主義が「行き詰ま

バブルの発生と崩壊が繰り返され、「資本主義の行き詰まり」が指摘されている。
写真はニューヨーク証券取引所。

っている」と指摘する経済学者やエコノミストは内外に存在する。彼らがその理由として挙げているのが、大きく以下の3つだ。

（1）フロンティアの喪失……欧米先進国は、15世紀末の新大陸発見以降、基本的に途上国から資源を安く買って工業製品を輸出し、富を蓄積してきた。しかし21世紀は、中国やインドなど新興国も近代化し、先進国にとって「地理的なフロンティア」がなくなり資源を安く買えなくなった。

（2）資源・食糧の不足……今後、新興国や途上国が豊かな生活を手に入れる中で、世界のエネルギー消費は2倍以上に増えるとされ、資源や食糧を手に入れるコストが年々上がる。資源・食糧不足による紛争の危機が高まる。

（3）短期マネーによるバブル経済……資本の移動がグローバル化し、実物経済（注1）の何十倍ものマネーが各国の市場を出入りし、バブル発生と崩壊を繰り返している。その結果、特に欧米では、大量の失業者が出る一方で、経営者層が一般社員の数百倍の年収を得るなど「格差」が生じている。

こうした「資本主義の終焉」と同時に叫ばれているのが「脱成長」だ。近年話題の「里山《さとやま》資本主義」は、「脱成長」の一パターンだろう。

里山資本主義は、自給自足や物々交換、空き家・耕作放棄地の活用、枯れ枝や不要木材の燃料化などの「原始生活」によって、バブル経済の影響を受けない生活ができるとする。これ自体は中山間地に行けば、少なからず行われているものだが、それを一つのトレンドのように取り上げ、大々的に推奨するところに危うさがある。

実際、「脱成長」で経済成長を捨てればどうなるか。経済規模が小さくなることは、年々、収入が減ることを意味する。そのうえ、改革が不十分なら税と社会保険料の負担が2倍、3倍と跳ね上がる。20~30代の若い世代は、減りつづける数百万円の年収から50%以上を政府に納めさせられる。待っているのは「極貧生活」「耐乏生活」だ。「脱成長」はあり得ない。

（注1）実物経済　実際に物を買ったりサービスを受けたりする際に行うお金のやり取りのこと。

資本主義の何が変わり、何が変わらないのか

「脱成長」はあり得ないにしても、資本主義はどう変わっていくのだろうか。あるいは、変わらない部分は何なのだろうか。

経営学者ドラッカーは、1960年代から2030年ぐらいまでの期間を「数百年に一度起こるか起こらないかの歴史の転換点」であり、「新しい資本主義への移行期である」と述べていた。

ドラッカーは、これからの資本主義について、経営資源として、人、モノ、お金、情報以上に富を生み出すのが「高度に専門化された知識」であると予言していた。

それも単にものを知っているだけではなく、時間の使い方や交渉力、決断力な

ど世の中に価値を生むためのセルフ・マネジメントの能力が求められるとした。

その意味で、今の資本主義が終わった後も、勤勉に働き、創意工夫し、収入を得るという資本主義の精神はまったく変わらないだろう。

同時に、「企業家が仕事を創り出し、たくさんの社員の生活が成り立ち、税金を集めた政府が弱者を助ける」という近代社会の枠組みも大きく変わることはないだろう。

「脱成長」では否定される「富の集中」についても、企業家はそれなくして大きな事業を立ち上げ、たくさんの人の豊かな生活を生み出していくことはできない。「富の集中」や株式会社そのものも、新しい資本主義において不可欠なものだ。

大川総裁は、著書『朝の来ない夜はない』でこう指摘した。

世界の人口は増えていくので、未来の構図としては、世界の「富の総量」「付加価値の総量」は増えていかざるをえません。そして、富の中心的な部

分は株式会社が生み出していることを考えると、「株式会社が生み出す富の総量は、今後、何十年、百年と、まだまだ増え続けていく」と考えてよいでしょう。

「脱成長」を受け入れてしまえば、極貧の「不自由さ」に甘んじるしかない。ドラッカーの言うところの「ポスト資本主義社会」では引き続き、個人や企業がその才覚や智慧を最大限発揮するために、「自由」が最も大切な価値の一つとなる。

結局は、智慧を絞り、汗を流し、努力に努力を重ねる姿勢が大事であることは、何ら変わらないということになる。

「時間短縮」というフロンティア

資本主義の「行き詰まり」の1つ目の理由として、欧米先進国にとって「フロンティア」がなくなり、投資機会が失われた点が挙げられているが、果たしてそうなのだろうか。

逆に、こうした資本主義の「行き詰まり」こそが、何を変えるべきか、どんなイノベーションが必要かを示しているのではないだろうか。

序章で述べたように、大川総裁は、未来の基幹産業になり得る分野として、以下のような方向性を示している。

- 交通革命やロボット開発などによって時間を生み出し、人生や仕事の密度を高めるもの。
- 宇宙開発や海洋開発など人類のフロンティアを開くもの。
- 食糧やエネルギー問題など人口１００億人時代の難問を解決するもの。

「交通革命」は、リニア新幹線で日本中や世界中を結んだり、スペースシャトルを旅客機として飛ばしたりするものだ。

新幹線や航空機をもっと進化させて、都市間を短時間で結ぶことは、かつての蒸気機関や自動車の発明に当たる。その結果、一人ひとりの持ち時間を増やし、仕事の効率を上げたり、人生の経験を豊かなものにする。

リニア新幹線で日本の主要都市が1時間程度で結ばれるならば、日本人はより密度の濃い経験ができる。関西から東京に通勤したりその逆をやったりする社会が目の前まできている。新幹線開通で東京—大阪間の移動時間が3分の1になった。この期間に、日本の国民1人当たりのGDPは3倍になった。それと同じようなことがリニア新幹線で起こるだろう。

宇宙空間を利用した旅客機の研究開発は、日本やアメリカで進んでいる。実用化すれば、東京とニューヨークの間を2時間程度で移動でき、人の交流が国内並みになる。

こうした交通革命による「時間短縮」が、人類全体の一生の持ち時間を何倍にもする。「時間短縮」そのものが、新しい産業だと言っていい。

ロボット開発も人生の時間を増やしてくれる。家事ロボットや介護ロボットは主に女性の時間を生み出す。高齢者が歩いたり、仕事をしたりするのを補助するロボットは、活動的な人生の時間を延ばす。消防や警察、国防のためのロボットができれば、人間が命の危険にさらされることが少なくなる。ロボット産業は、人生の時間という観点から高い付加価値があると言えるだろう。

職住接近による「時間短縮」も、まだまだ開発の余地がある。東京など大都市の高層ビルから街を見れば、低層の住宅やビルが地べたに張り付いているのが分かる。東京や大阪、名古屋などの中心部は、まだまだ開発されていい。

人口約3700万人を抱える東京圏

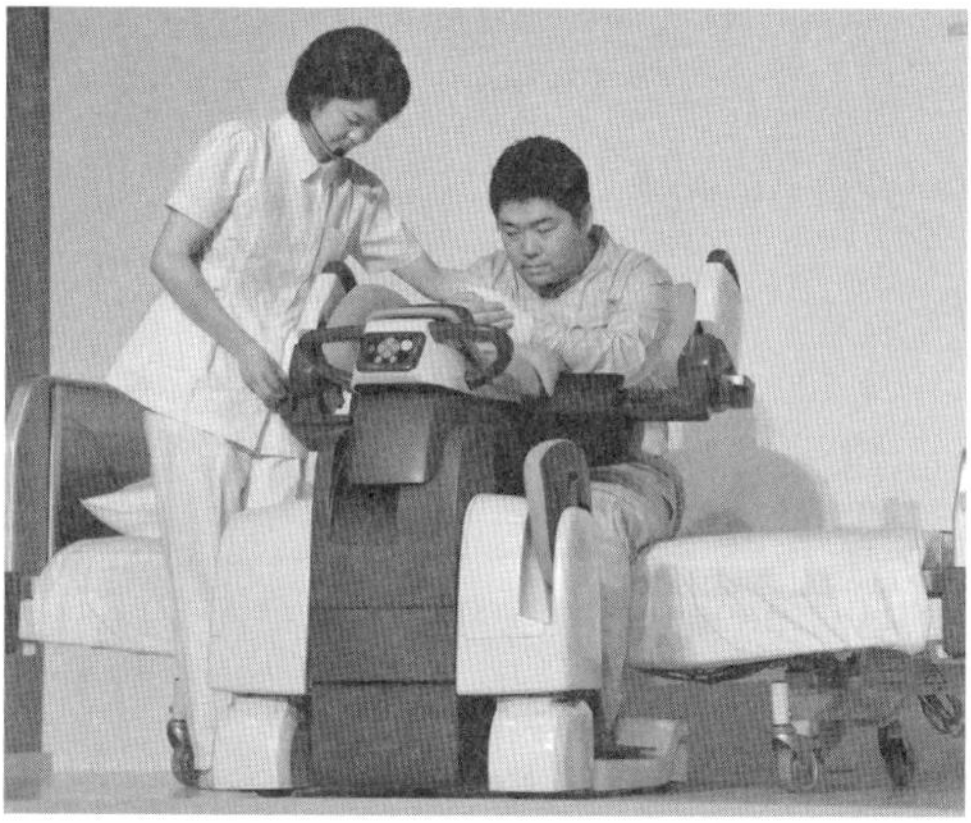

ロボットが家庭の中に入ってくると、人生の時間を生み出してくれる。写真：Natsuki Sakai/アフロ

は世界で最も躍動的な都市だが、港区など中心部でも容積率はニューヨーク・マンハッタン中心部の7分の1程度。高層ビルを建てる余裕はまだまだあり、さらに巨大都市へ大改造することは可能だ。

規制の緩和・撤廃によって、高層住宅がもっとできれば、通勤・通学時間が数十分のライフスタイルを多くの人が享受できる。

「海洋・宇宙開発」という空間的なフロンティア

移動時間が劇的に短縮され、世界が〝小さく〟なれば、人類が目指すべき空間的な「フロンティア」はより明確になる。海中や海底、月や火星などの宇宙空間に、もっと目を向けるべきだろう。

大川総裁は1995年の時点で、次のような提言をしている。

私は、「二十一世紀中に、つまり今から百年以内に、月と火星に植民都市を建設する」ということを、日本は国家目標として持つべきだと思います。

（『愛、悟り、そして地球』より）

となれば、今のアメリカ以上の宇宙産業が必要だ。海中・海底開発の技術は、日本が世界に先んじており、新エネルギー開発の可能性が広がる。

一部の経済学者やエコノミストが、「フロンティアがなくなったから、資本主

月や火星など人類にとってのフロンティアは無限にある。写真：JAXA

義が行き詰まっている」と見ているのは、むしろ、「チャレンジ精神や夢を持てない」というその人個人の心象風景にすぎないのではないだろうか。

地上や地下、空中、海中や海底、宇宙と、「フロンティア」は無限にあると見るべきだろう。

新しい資本主義の条件①
フロンティアを開き、新しい感動をもたらす

現代の主要産業の多くは、19世紀後半から20世紀の初めにかけて生み出された。

1870年代、トーマス・エジソンが発電機や白熱電灯を発明し、電気機械産業が誕生した。1880年代、カール・ベンツとゴットリープ・ダイムラーがガソリンエンジンを搭載した自動車を初めて走らせ、自動車産業が始まった。

今は日本をはじめ欧米も成長率の低いデフレ期の中にあるが、これらの新たな

基幹産業が生まれた時代も、大デフレ期（グレートデプレッション）だった。その真っただ中で、「何か稼げる事業を創らなければ」と奮起した企業家が次々と出現したのだった。

大川総裁は著書『成功の法』で、経済繁栄とは何かについて以下の定義をしている。これは、未来の基幹産業を構想するうえで、大きなヒントとなるだろう。

人間というものを、「ある所から、この地上に生まれてきて、何十年かの有限の人生を送り、そして、地上を去っていくもの」というように考えるならば、（経済繁栄とは）「この地上生命に輝きがあるときである。地上生命のあるあいだに光が出ているときである」と言ってよいでしょう。また、「魂が非常に喜んでいるときである。『深い経験』という名の価値、『躍動に満ちた経験』という名の価値が、魂に刻印されるときである」とも言えるでしょう。

つまり、本来、霊的存在である人間が地上に生まれ、魂としてどれだけ躍動した経験ができるか、ということが「経済繁栄」だと述べている。

19世紀後半、電灯が生活を明るく照らし、自動車で移動できる範囲が広がったことは、まさに人類に「躍動に満ちた経験」をもたらした。新しい基幹産業も、この考え方の先にあると言っていいだろう。

序章でも触れたが、大川総裁は2015年9月の法話「奇跡を呼ぶ心」の質疑応答で、以下のように述べている。

必要なものは満たされてきたので、これからのものは、その上を行かなければいけないのです。その上を行くものは何かと言いますと、「必要なものをつくり、供給する」という考えではなく、「人々に感動を与えるものを供給する。あるいは、感動を与える商品、感動を与えるサービスを供給する」ということです。これによって、マーケットは大きくなっていくわけです。

これからの「経済繁栄」を創り出していくうえで、「魂が喜ぶような躍動に満ちた経験」「感動を与える商品・サービス」がキーワードとなる。

人生の時間を生み出し、より充実したものにする交通革命やロボット開発、都市開発。海中や海底、宇宙などの「フロンティア」を開いていく海洋・宇宙開発。

これらは、どれも人類に新しい「感動」をもたらすものだと言っていいだろう。

新しい資本主義の条件②
人類１００億人が食べていけるだけの産業を創る

「行き詰まり」の２つ目の理由である「資源・食糧不足」は、２０５０年には人口１００億人に限りなく近づく人類にとって最大の課題だろう。だからこそ、この問題を解決する中に「新しい資本主義」の可能性が開けてくる。

先進国の人口は約13億人。残りの60億人弱の人たちが今、先進国が５００年かけて達成した豊かな生活を、わずか数十年で実現しようとしている。世界のエネルギーと食糧の消費量は軽く2、3倍に跳ね上がる。当然、資源争奪の戦争の危険性も何倍にも高まる。

醜い奪い合いの危機を救う新エネルギーや食糧増産技術の開発は、未来産業としてどうしても必要なものだ。

同時に大川総裁は、100億人が食べていける仕事を今から創り出さなければならないと訴えている。

新規事業をつくり、彼らに給料

2050年には人口100億人時代に。人類が食べていけるだけの仕事、食糧、エネルギーを生み出さなければ、未来はない。写真：アフロ

を支払えなければなりません。

そうすると、絶対に、資金の供給を増やさなければ駄目です。これは、インフレではなく、「経済の拡大」なんですよね。経済の拡大をしなければ、これから増えていく世界の人口を賄えるようにはならないんですよ。

（『ＨＳ政経塾・闘魂の挑戦』より）

日本として交通革命を起こしたり、航空・宇宙産業を立ち上げたりして、たくさんの未来産業を生み出すことが、１００億人が平和で豊かに共存する世界を創ることになる。

２０５０年以降に人口１００億人時代を迎えるということは、それだけ多くの魂があの世で、「現代に生まれ、人生経験を積みたい」と考えているということだろう。１００億人がある程度豊かに生活できるためには、食糧増産革命やエネルギー革命がどうしても必要になるし、これらの人たちの生活を支えるたくさんの仕事も今から生み出しておかなければならない。

これも人類にとってのフロンティアであり、２０５０年以降の人類に「魂として躍動に満ちた経験」をもたらすことにつながる。

今の資本主義の「行き詰まり」の原因とされる「フロンティアの喪失」「資源・食糧不足」は、逆に「フロンティアを目指せ」「資源・食糧不足を解決せよ」という課題を明確にしてくれているととらえたほうがよさそうだ。

新しい資本主義の条件③
50年、１００年でリターンを求める

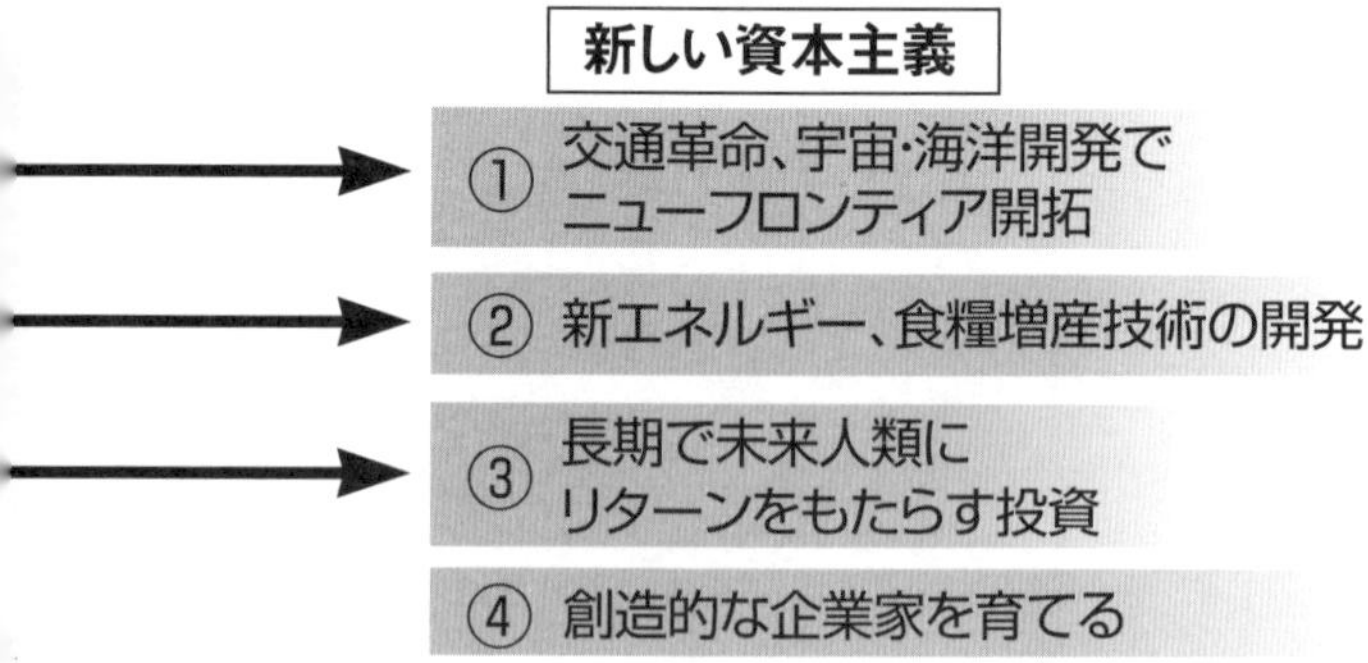
新しい資本主義
① 交通革命、宇宙・海洋開発で
ニューフロンティア開拓
② 新エネルギー、食糧増産技術の開発
③ 長期で未来人類に
リターンをもたらす投資
④ 創造的な企業家を育てる

同様に、経済学者らが「資本主義の終焉」の3つ目の理由として挙げた「短期マネーによるバブル経済」も、克服すべき課題だと考えるべきだろう。

大川総裁は先述の法話「未来創造の帝王学」の中でこう予言した。

未来人類にとって役に立ち、彼らが振り返って、前（の時代）にいる人たちに感謝する仕事をすることが、経済の拡大につながる。これが新しい時代の貨幣の信用の裏付けになると思われます。

「未来の人類が感謝する仕事を、今の時代の私た

資本主義の行き詰まり

- 地理的フロンティアの喪失
- 資源・食糧不足
- 短期マネーによるバブル経済

ちがする」ことが求められている。

株式会社の起こりは、17世紀初めの東インド会社につながる貿易船とされる。南北米大陸などへの1回の航海ごとに出資を募り、利益を分け合った後は解散した。会社の寿命は航海期間中の1年程度だ。

19世紀の産業革命以降、大きな工場ができるようになると、10年単位で投資がなされ、社長が亡くなっても次の世代が事業を引き継いだ。

しかし、近年のグローバル資本主義は、大航海時代よりも投資期間が短くなっている。投資家の多くが3カ月ごとに企業決算の数字を見て、短期的に利益の最大化を目指している。

これからの「新しい資本主義」は、大川総裁の指摘によれば、数カ月単位で自分にリターンを求めるのではなく、50年や100年の単位で未来人類にリターンをもたらすものだということになる。

子や孫、曾孫の代のために植林し、自分の代ではリターンがない、本来の林業に近いイメージだろう。明治の文豪・幸田露伴が唱えた幸福三説の一つ、「植福」の考え方でもある。「財産を全部使ってしまうのではなく、将来のために蓄えたり、何十年後のために投資する」というものだ。

銀行は１００年単位の事業を支える

「新しい資本主義」は、人類の「フロンティア」を開いたり、人類的な危機を克服したりするものなので、世界で何千兆円という規模で資金を集め、何十年とかけて果実を実らせようというものだ。

そのために金融機関や政府も、さまざまなイノベーションを一つひとつ起こしていかなければならない。

銀行にとっては、「将来の基幹産業を育てるのだ」という強い使命感の下、大胆にリスクが取れるかどうかのイノベーションが要る。

経済学者シュンペーターは、イノベーションを通じて経済発展をもたらす企業家だけではなく、企業家に資金を供給する銀行家の役割も重視した。彼は「銀行家は、新結合を遂行しようとする者（企業家）と生産手段の所有者（資本家）との間に立っている」と述べている。

企業家には、アイデアやビジョン、強い意志やあふれる情熱はあるが、たいていお金を持っていない。資金を供給し、一つの事業が収益を十分生むまで支えるのが銀行家だ。

銀行と言えば、土地や建物などの担保を押さえたうえでお金を貸すのが日本では一般的。この土地担保主義はバブル崩壊で一部崩れたものの、金融機関は「次」の融資のやり方を開発できていない。

ただ、日本は土地担保主義だけでやってきたわけではない。明治期や終戦後は、そもそも担保になるような財産はほとんどなかった。担保を取るのはある程度豊かになってからのことでしかない。

明治期の銀行家・安田善次郎は、こう語っていた。

「今の銀行業者は、十中の八九は、貸金額よりもずっと高い抵当物を取っている。これでは真の賃借関係とは言えない。本来は、この人は間違いないと見込んだら、抵当物など取らずに金を貸すのがよい。それが銀行業者の本分である」

本来のバンカー（銀行家）の使命は、担保がなかったとしても、20年、30年の期間、企業家群を育てるつもりで資金を供給するところにある。見込んだ企業家に資金を投じ、大企業を育てていくクリエイティブなものだ。リスクは大きいが、成功すれば大儲けできるダイナミックな仕事だと言える。当たる事業もあれば、当たらない事業もある。しかしその可能性に賭けなければ、未来産業、次の成長産業が生まれてくることはない。

政府にも企業家精神とバンカー精神を

変革が求められるのは、銀行だけではない。政府にとって必要なイノベーションは、そもそも政府の仕事とは何かを問い直すことから起こる。

他の先進国もそうだが、日本の政府は、国民一人ひとりへの年金と医療費のバラまきに〝専念〟してしまっている。

これを大転換し、明治期の殖産興業以上の仕事を世界規模で興していく企業家精神とバンカー精神が求められる。かつて明治政府は、製糸や製鉄など当時の基幹産業を日本に輸入し、欧米と競争できるところまで育てあげた。この気概を復活させたい。

政府が100兆円単位で交通革命や海洋開発、宇宙開発、都市の大改造などに投資すれば、世界の余剰資金を呼び込めるだろう。

国民にバラまく社会主義的な政府から、新しい基幹産業を創る企業家的な政府へのイノベーションだ。

具体的には、政府は単年度予算などと馬鹿なことを言わず、100年先を視野に入れながら、国力を飛躍的に上げる投資ができるかどうかが問われる。

銀行の企業家精神が乏しい中では、政府が思い切った投資を断行するしかない。日本の金融機関は手持ちの資金の多くを、国債を購入して運用している。これは、政府に対し、「たくさんの雇用を生み出すような高付加価値の新産業を創り出してくれ」という国民の声の表れでもある。

資金を集めるのは国内に限る必要はない。国債は9割以上が国内の金融機関や個人が消化している。日本の産業力の底固さ、国民の勤勉さ、政府資産を差し引いた実質的な借金残高の少なさからすれば、数百兆円規模で外国の金融機関に日本国債を買ってもらって構わない。

先の「月と火星での植民都市建設」について大川総裁は、宇宙開発事業債を政府が発行して100年後に償還することを提唱している。

航空・宇宙産業、世界リニア新幹線、海底・地中の新資源開発、都市部の空中開発、新エネルギー・食糧増産技術の開発などは、いずれも50年や100年単位の事業なので、「50年国債」「100年国債」があってしかるべきだろう。

新しい資本主義の条件④
「創造する頭脳」を持つ企業家を数多くつくり出す

何十年先から100年先を見据えた投資ということは、その対象の企業が銀行に資金を返済したり、投資家にリターンをもたらしたりするのも、最終的に何十年、100年先になる。

これだけ長期間になると、本当に返済できるのかどうか、リターンがもたらされるのかどうか、というリスクは極めて高いものになり、単なる投資ではなく、投機のレベルに近づいてしまう。

未来産業における、この投資と投機の関係について、大川総裁は著書『資本主義の未来』でこう述べている。

この「投資」と「投機」の間をつなぐものは何かというと、それが「インスピレーション」であると思うのです。

インスピレーションと言うと、「そんなもので高いリスクを軽減できるのか」と思うかもしれない。ただ、まったく新しい産業を生み出し、文明を進歩させるというのであれば、今までにないアイデアは不可欠だ。

本章の冒頭で触れたような、お金がたくさん余っていて投資先がないという「資本主義の終わり」の状態について、大川総裁の三男で、幸福の科学理事の大川裕太氏は著書『幸福実現党テーマ別政策集3「金融政策」』で、こう解説した。

「今の日本の状況は、『銀行には預金が山のようにある。国民は一千七百兆もの総資産を持っている。しかし、銀行は投資する先がなく、お金をこれ以上預けてもらっても困るという状況になっている』という状況なのです。国家レベルで見れば、いわば、『みなお金を持っているけれども、みな満たされていて、何も欲しがっていない』という状況なのです。

これはまさに、今までの資本主義の経済学が直面したことのない課題でしょう」

「日本は『国民のほとんどが豊かになってしまい、必要なものに苦労していない』という、世界のどの国も経験したことのない新たな局面を迎えているのです」

今でこそ、世界の先進国は低金利時代に入っているが、日本は1990年代から超低金利で、先頭を走っている。「みなが何も欲しがらない」社会が、「資本主義の終わり」を生んでいるのだ。

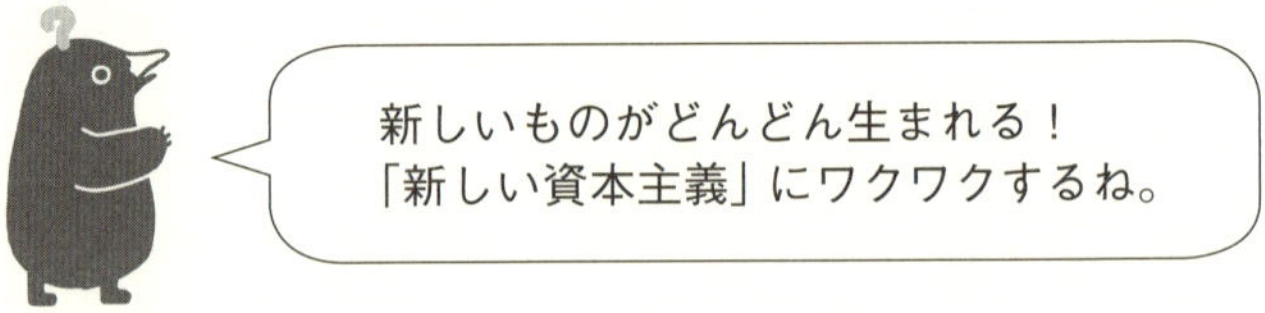
新しいものがどんどん生まれる！
「新しい資本主義」にワクワクするね。

そこで登場するのが、インスピレーションだ。
序章でも述べた通り、大川総裁は前掲の『資本主義の未来』でこう述べている。

今までにないものをつくり出す、考え出す、生み出す力です。これが大事であり、「どうやって、創造的な頭脳をこの国につくり出すか」ということが大事なのです。

これをやれば、だぶついている資金の使い道が出てきます。「資金がいくら出ても、それをどう使っていいか分からない」「事業のアイデアが湧かない」「新しい仕事が存在するということが、人々に見えない」「そういう需要が今後まだあるということが分からない」という状況においては、経済の停滞は続くわけです。

したがって、日本の資本主義が今後も続いていくための一つの手は、「創造的頭脳を数多くつくっていかなければいけない」ということです。

「創造的頭脳」というのは、単なる「思いつき」の多いことではない。

例えば、大川総裁の場合、人類すべてを幸福にしたいという志を持ち、あらゆる分野でそのための研究を重ね、天上界の高級霊と言われる存在からインスピレーションも受ける。そのうえで、「未来はこうあるべきだ」という価値判断を積み重ね、先に述べたような未来産業の構想をつくり上げた。

「創造的頭脳」とは、これから活躍する企業家や銀行家、あるいは発明家や研究者が、この世での努力とあの世からのインスピレーションを融合して、新しい事業を生み出していくことを意味する。

「新しい資本主義」を生み出していくためには、「創造する頭脳」を持つ企業家を数多くつくり出すことが一つの条件となる。

「新しい資本主義」への産みの苦しみ

「資本主義の終わり」の理由として、「フロンティアの喪失」「資源・食糧の不足」「短期マネーによるバブル経済」の３つが挙げられていた。これらを克服していくプロセスそのものが、「新しい資本主義」をつくり出すと言える。

そのプロセスは、最終的には「創造する頭脳」を持つ人材を生み出すことに行き着く。交通革命もロボット開発も宇宙・海洋開発も、食糧・エネルギー問題など人類的な難問の解決も、「創造する頭脳」から答えが導き出される。

ドラッカーは「2030年ぐらいまでが新しい資本主義への移行期」と語っていた。未来産業を創り出していく〝産みの苦しみ〟があと15年ぐらいは続くということだろう。

第7章のポイント

1

勤勉に働き、創意工夫し、富を得る、という資本主義の基本は変わらない。

2

新フロンティアの開拓、食糧増産と新エネルギー開発、長期投資がこれからのキーワード。

3

「新しい資本主義」を生むためには「創造する頭脳」を持つ多くの企業家が必要。

【主な参考文献】

大川隆法『朝の来ない夜はない』（幸福の科学出版）
大川隆法『成功の法』（幸福の科学出版）
大川隆法『愛、悟り、そして地球』（幸福の科学出版）
大川隆法『資本主義の未来』（幸福の科学出版）
大川隆法『「未来産業学」とは何か』（幸福の科学出版）
大川裕太『幸福実現党テーマ別政策集３「金融政策」』（幸福実現党）
水野和夫『資本主義の終焉と歴史の危機』（集英社新書）
『ドラッカー名著集８ ポスト資本主義社会』（ダイヤモンド社）

第8章

「借金1千兆円？それがどうした」

未来産業を創出するための大規模投資という構想に対して、
「日本は1千兆円以上の借金を抱えている。
どこに投資をする余裕があるのか」という反応が予想される。
日本の「財政危機説」「財政破綻《はたん》説」は
本当なのだろうか。

日本は世界一の借金大国？

前章で未来産業を生み出すための投資の大切さについて述べたが、その際に外せないのが、政府の借金をどう考えるかという問題だ。

財務省は、「国の借金は1千兆円を超えた。世界一の借金大国だ。増税しないと財政破綻《はたん》してしまう」と言いつづけている。

財政破綻とは、政府として借金を返せなくなること。その危機を旧大蔵省は１９８０年代初めから言い始め、１９９５年には当時の武村正義蔵相が「財政破綻宣言」を行った。この時の政府の借金残高は約４６０兆円。今から比べれば、ずいぶん少ない。

かれこれ30年も同じことを言いつづけながら、その通りにならな

ないということは、財務官僚自身もさぞ不思議に思っていることだろう。

財政破綻とは「外貨建て国債」が返済不能になること

安倍首相の２代前の菅直人元首相は在任中、「日本もギリシャの二の舞になる」と危機をあおっていた。確かに日本の国債残高の対ＧＤＰ（国内総生産）比は約２３０％。事実上財政破綻したギリシャが約１５０％だった。「日本が財政破綻しないほうがおかしい」という財務省や菅氏の主張は理屈が通っていそうだが、実際には、日本とギリシャの借金の中身はまったく違う。

そもそも財政破綻というのは、「外貨建て国債（外債）が返済不能になる」ことを言う。破綻したギリシャの国債は、ユーロ建てで外債の一種。２００１年に財政破綻したアルゼンチンの場合も、ドル建て国債を返せなくなったものだった。

日本の国債はすべて円建て。「外債ではない」という一点で、日本の財政破綻はあり得ないことが分かる。

企業や家庭と違い、政府はお金が刷れる

円建て国債の場合、日本政府の子会社である日本銀行がお札を刷って国債を買い取ることができる。庶民感覚ではすんなりとは理解しにくいが、中央銀行にお金を刷らせれば、政府は借金返済や利払いから解放されるという〝マジック〟が使える。

一自治体でも一企業でも一家庭でも、お札を刷ったら通貨偽造罪（刑法１４８条）で捕まって刑務所に放り込まれる。しかし、日銀がお金を刷っても当然、罪にはならない。この仕組みがあるため、政府の借金と、その他の自治体や一般企業や家庭の借金について比較してもほとんど意味がない。自国通貨建ての国債は、「最強の借金」で、他の事業体の借金とは比べものにならないのだ（もちろん無

制限にお金を刷れるわけではないが、年４％程度以内の健全なインフレ率の範囲内ならば問題ない）。

ギリシャやアルゼンチンのような外貨建て国債（あるいは共通通貨建て国債）ではこの〝マジック〟が使えない。ユーロやドルを勝手に刷ったら「犯罪」になるので、破綻せざるを得なかった。

歴史法則①「自国通貨建て国債では破綻しない」

例えば、１８００年代初め、フランスのナポレオン軍と戦った後のイギリスは、国債残高がＧＤＰの３倍近くに達した。現在の日本の借金財政以上の〝ひどさ〟だが、イギリスは財政破綻しなかった。なぜなら、自国通貨のポンド建て国債だったからだ。

一方で、第二次大戦後のイギリスは事実上の財政破綻に陥った。ＧＤＰの６割を戦費に投入し、それをアメリカからの借金でまかなった。アメリカに頼み込んで出してもらった借金なのでほとんどがドル建てで、戦後、イギリスは海軍の大艦隊を解体して空母や艦船を売り払い、借金返済に追われた。

このように、政府の借金は、自国通貨建てか外貨建てかによって、天と地ほどの差がある。

日本の国民は「世界一のお金持ち」

自国通貨建て国債では破綻しない

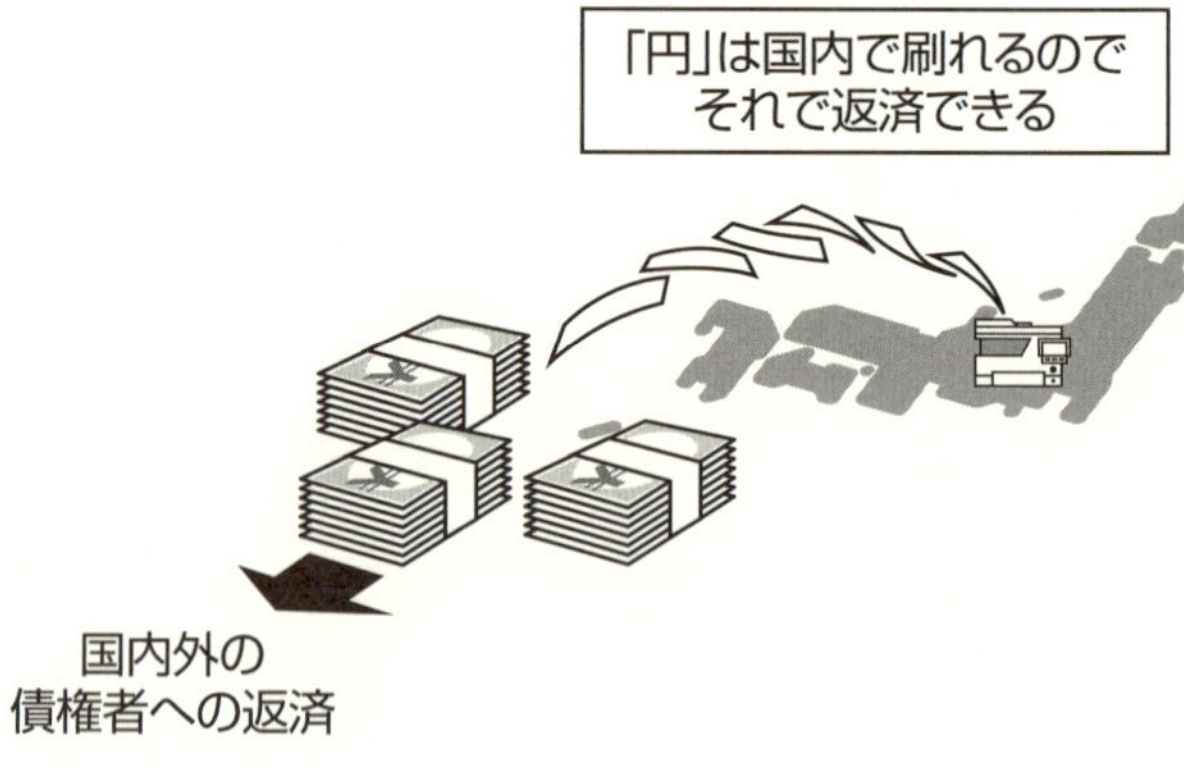
「円」は国内で刷れるので
それで返済できる
国内外の
債権者への返済

自国通貨建て借金が多くなるかと外貨建て借金が多くなるかの差を別の言葉で言えば、「国民がよく働くかどうか」の差だろう。

ギリシャ国民は、自国内で消費するモノを自前で十分供給できず、他国からたくさん買っている。国民があまり稼げないと、政府の税収は上がらないし、国民の貯蓄も少ない。赤字の政府が借金しようとしても、国内で資金調達できないから、海外の金融機関から借りるしかない。

日本国民は、天然資源などは別にして、大半のモノを自前で供給できる。加えて、製造業を中心に他国にも売ってお金を稼いでいる。それが1700兆円にのぼる個人金融資産として積み上がり、民間銀行や保険会社、ゆうちょ銀行などを通じて国債に投じられている。日本人の場合、各家庭は金融資産を預貯金で持つ傾向があり、その額は計900兆円近く。1人当たりに換算すると、これはアメリカの家計の持つ預貯金の約2倍、ユーロ圏の家計の持つ預貯金の約2・4倍にのぼる。この「現ナマ」が日本国債をしっかりと支えている。

財務省やマスコミは「国民1人当たり約700万円の借金！」と大騒ぎするが、実は、「1人700万円も政府に貸しているすごい国民」という話にすぎない。

日本は世界一の債権国家

日本国民は政府だけでなく、海外にもお金を貸している。その金額は世界最大なので、実は日本は「世界一のお金持ちの国」だ。

勤勉に働き、稼ぎつづける国民に支えられた日本の国債は、世界で最も破綻から遠いところにある。

ある国が裕福かどうかは、政府と民間の資産と負債を合計して見なければ分からない。

日本は、政府と民間を合わせて計算すると、世界で最も多くの対外資産を持っている。つまり、世界一の債権国家だ。企業や政府、個人が海外に持つ資産から負債を引いた対外純資産残高は、２０１４年末時点で約３６７兆円と発表されている。日本は24年連続で世界一をキープしているのだ。

日本国民はこの事実を知って、もっと自信を持ったほうがいいだろう。

財務省がいくら「1千兆円の借金がある！」と声高に叫んでも、世界からは「日本政府の借金は、まったく問題となる額ではない」と見られている。その証拠が、1%を下回る世界最低水準の日本国債の長期金利だ。サラ金を考えてみれば分かるが、一般的に〝怖い借金〟には高い金利がつく。日本国債はその正反対だ。投資家にとっては、世界で最も安心して投資できる金融商品で、人気が高いことを意味する。

歴史法則②「デフレ期の増税は絶対してはならない」

これらの動かしがたい「事実」は、実は、２００２年に海外の格付け会社に対して出したレポートで財務省自身が言っていることと、ほとんど同じ内容だ。

そのレポートは現日銀総裁の黒田東彦《はるひこ》財務官の名前で出されているので、消費税増税を後押ししている黒田氏が「日本は財政破綻しない」ことを百も承知だということになる。

では、なぜ財務省はありもしない財政危機をあおるのか。

歴史を振り返れば、近代以降の各国の財政当局は、深刻な不況下に緊縮財政や増税に突き進む過ちを繰り返してきた。

1929年のアメリカ発の世界恐慌後、日本の浜口雄幸《おさち》内閣は緊縮財政と金融引き締めを強行し、マイナス成長の続く昭和恐慌に突入した。同じ時期、アメリカのフーバー大統領は株価大暴落後、銀行や企業の倒産を放置。落ち込んだ財政をまかなうため消費税導入を強行したが、1年後にGDPは半減し、1200万人もの失業者を生んだ。

近年では日本の橋本龍太郎首相がそうだ。バブル崩壊後の景気低迷の中、

１９９７年に消費税を増税。その後の15年間でＧＤＰが50兆円以上落ち込み、平均世帯年収も１００万円以上減った。

バブル崩壊後は家計も企業も金融機関も、みな借金返済に必死になってバランスシートの健全性を高めようとする。そのため、お金を使うことに慎重なケチケチ・ムードが世の中を覆う。その中で政府も同じように借金返済したくなってしまうのだろう。しかしその結果は、国民の仕事や所得がみるみる減る深刻な長期デフレ不況という手痛い反作用だった。

モノが売れないから、値段は下がる。相対的にお金を持ちつづけるほど得になるの

橋本龍太郎元首相（左）による消費税増税のダメージは今も続いている。フーバー元大統領（右）は1929年の世界恐慌後、増税を強行し、GDPを半減させた。

で、さらにモノは売れない。そうやって経済が縮小していく。それがデフレ不況だ。その中で増税したら、モノはもっと売れない。デフレ期に増税は絶対にしてはならない、というのが歴史の教訓であり、鉄則だ。

世界を覆う「貧乏神思考」

しかしその鉄則が忘れ去られ、２００８年のリーマン・ショック以降、世界恐慌後の日米やバブル崩壊後の橋本内閣のような「貧乏神思考」が世界に広がっている。

イギリスは２０１１年１月、財政を健全化しようと、付加価値税（消費税）を17・５％から20％に引き上げた。すると、リーマン・ショックから回復軌道にあったイギリス経済はマイナス成長に逆戻り。付加価値税だけでなく、所得税、法人税の税収が減りつづけた。

ユーロ危機の中にあるEUも、基本的に緊縮財政を加盟国に求めている。2013年1月に発効した新財政協定で、加盟各国は財政赤字をGDPの0・5%以内とするよう義務づけられた。これで機動的な景気対策を打とうとしても、大きなお金が使えず、手足が縛られてしまった。

アメリカは近年、巨額の財政赤字をめぐって民主党と共和党がしばしば対立する。オバマ大統領が景気対策として公共投資をしようとしたが、「小さな政府」を唱える共和党議員の多くは、こうした財政支出に強硬に反対した。

世界経済の安定的な成長に責任を負うはずの国際通貨基金(IMF)も、借金返済の強要が大好きだ。何度も日本に対し、「消費税を15%まで引き上げるべき」と要求している。要らぬお節介とはこのことだろう。財務省はそれを笠に着て、消費税増税路線を突き進んでいる。

このように日本も世界各国も、政治の真ん中に「貧乏神」がどっかりと腰を下ろし、緊縮財政と増税を推し進めている。そのため、世界恐慌や昭和恐慌後と同じように、日本、アメリカ、ヨーロッパで経済規模が縮小していくデフレ不況が起こっている。

高橋是清とルーズベルトの〝無茶な〟積極財政

日米それぞれで恐慌を克服した高橋是清《これきよ》蔵相やルーズベルト大統領ならば、「借金1千兆円？　それがどうした」と言うだろう。彼らは、「貧乏神」とまったく逆の発想を持ち、1930年代の恐慌から日米の経済を救った。

高橋是清と、ルーズベルトはそれぞれ、中央銀行に国債を買い取らせ、財政支出を一気に拡大して仕事を創出。縮小経済からのV字回復を果たした。

高橋是清は回顧録の中でこう振り返っている。「借金が増えていく結果はどうなったかと言うと、一面、産業は大いに進歩し、国の富も増えたので、国債の増加も苦にならない」「国民の働きが増せばここに富ができる。前の借金ぐらい何でもない」

高橋是清は、富（名目ＧＤＰ）が増えれば税収が増えるので、一時的な借金は何ら負担ではないと割り切っている。

ルーズベルトも同じ考え方を採った。ルーズベルトは第二次大戦の戦費も含め支出を何倍にも増やした。その結果、ＧＤＰは十数年で4倍となり、戦後の借金返済の負担は小さなものとなった。

一時的であれ、なぜこんな無茶ができたのかというと、先に触れたように、政府と、家計・企業・金融機関とでは、借金に堪えられる力がまるで違うからだ。自国通貨建

高橋是清元蔵相（左）は、いち早く積極財政に転換し、V字回復を実現した。アメリカのフランクリン・ルーズベルト元大統領（右）も、財政支出で不況脱出に導いた。

ての国債は、中央銀行が買い取ることができる。

政府の力は、いざとなったら異常に強い。だからこそルーズベルトは「我々が唯一恐れるべきことは、恐怖それ自体である（The only thing we have to fear is fear itself.）」と戒めた。高橋是清も「1足す1が2、2足す2が4だと思いこんでいる秀才には、生きた財政は分からないものだよ」と、財政の健全性ばかりを考える視野の狭い官僚たちを叱《しか》った。

今の日本でハイパーインフレは基本的には起こらない

日米欧では、企業も家計もお金を使わず、投資や消費が減って、仕事が少なくなっている。ここから抜け出すには、高橋是清やルーズベルトのように、政府がお金を出して仕事を創り出すしかない。ルーズベルトが任期中にＧＤＰを4倍増させたように、政府が成長分野に投資するなら、もっと大量に国債を発行して構わない（アメリカと日本は一部やっている）。

こうした政策を打ち出すと、マスコミは「ハイパーインフレになる！」「1万円札が紙クズになる！」と騒ぐ。ハイパーインフレは、お金の価値が1年で100分の1ぐらいに下がることを言う。つまり、1万円札が以前の100円硬貨の価値になってしまうということだ。

しかし、こういう激変は、戦争や内戦で生産設備が壊滅して、極度のモノ不足に陥るようなことがない限り、基本的には起こらない。

第一次大戦に敗北したドイツは、ルール地方などの工業地帯をフランス軍に占領され、生産力をほとんど失ったために、日用品の値段が1年で何億倍にもなった。

国内の生産施設が壊滅的な打撃を受けた第二次大戦の敗戦直後の日本では、ハイパーインフレまではいかないものの、3年間でお金の価値が100分の1になった。しかし、現在の日本であれば、中国が核ミサイルを東京や大阪に何発も撃ち込まない限り、そうした事態はまず考えられない。

ある経済学者によると、日銀がお金を刷りまくって、国民1人当たり1億円を配ったらハイパーインフレになるそうだ。ハイパーインフレを起こすには、そんなトンデモ政治家の登場を待つしかない。

ただ、戦争や内戦以外では、政府の大きな失政によるハイパーインフレの可能性は残る。それは、国民や金融機関が持っている国債を一斉に売って、他の資産に換えようとする場合だ。2015年に開学したハッピー・サイエンス・ユニバーシティ（HSU）経営成功学部ディーンの鈴木真実哉氏は、こう指摘する。

「政府が社会保障の赤字の穴埋めのために大量の国債を発行しつづけ、大増税を強行し、景気が悪化するだけならば、国民がある時点で『国債はもう返済されないだろう』と判断します。そうなると、こぞって国債の換金に走るというパターンはあり得ます」

第7章、第9章でも触れているように、国債を発行し、未来産業を創り出すという基本路線を守るという前提ならば、「今の日本でハイパーインフレーションは起こらない」と言える。

世界の富を創り出す「繁栄思考」を

日本には製造業を中心に、敗戦直後とは比べものにならない生産力がある。勤勉に働く国民もいる。冒頭で述べたように日本の財政破綻はあり得ないし、かつ、前述の一定の前提でハイパーインフレは基本的にないと考えるべきだろう。単に年金や医療の赤字を埋めるためではなく、新たな仕事や事業を創り出すためならば、今ほど日本政府が国債を大量に発行するチャンスはない。

日本政府として、人やモノの流れを加速させる交通インフラや未来性のある産業に大量の資金を投じるならば、世界的な景気低迷を吹き飛ばせる。自動車や電機などに代わる21世紀の新たな基

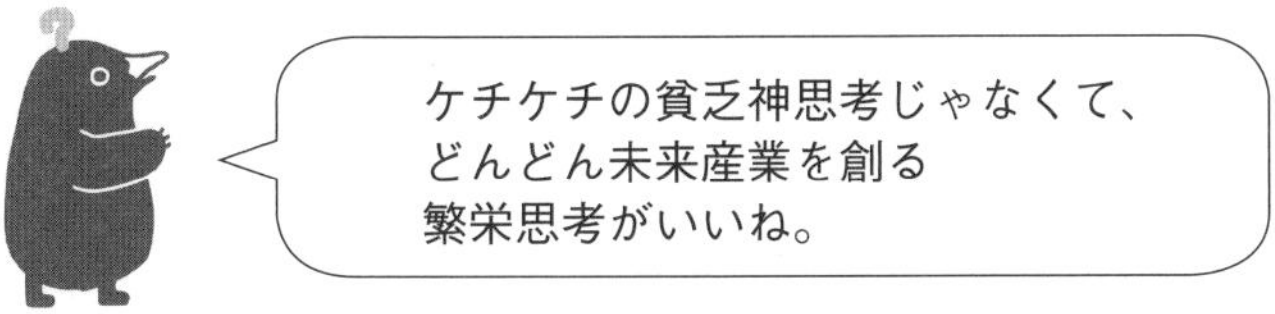
ケチケチの貧乏神思考じゃなくて、
どんどん未来産業を創る
繁栄思考がいいね。

幹産業を創り出すこともできる。要は投資効果の問題だ。

ＧＤＰを１割大きくするだけで、消費税を５％増税する分ぐらいの税収は、法人税や所得税として簡単に返ってくる。

消費税増税を強行したい人たちは、「子供の世代に借金のツケを回すのか」と訴える。しかし、この時点で消費税を増税したら、各世帯の所得がさらに減ると同時に、医療や年金をまかなうために消費税は20％、30％へと上がっていく。

今、日本が直面しているのは、子供たちにそうした「重税国家」を残すのか、さらなる繁栄社会を残すのかという選択だ。

大川裕太・幸福の科学理事は、著書『幸福実現党テーマ別政策集４「未来産業投資／規制緩和」』で、未来の基幹産業を日本のような先進国が創り出していく意義についてこう指摘した。

「政府として未来産業の育成を推進する意思がなければ、アメリカ、中国、韓国など、政府からの援助付きで研究開発を行っている国々に負けてくるでしょう。

そして、世界最先端の技術を持たない、技術の輸入国になっていくと、日本は二等国に転落したと言わざるをえません」

未来産業への投資は、日本が先進国でありつづけるための必須の要件ということになる。

加えて、大川裕太氏は「それ（未来産業投資）は、日本の国益や、日本の経済成長だけを考えてのことではありません。世界最先端の技術を数多く持つ日本にしかできないことがあるのです。その最先端技術を生かして、未来産業の開拓を推し進めることで、地球レベルでの文明の進歩に貢献したい、と幸福実現党は考えているのです」と強調した。

50年、１００年単位の新産業を立ち上げ、人類にとってのフロンティアを開き、人類１００億人が食べていけるようにするというのは、まさに「文明の進歩」にほかならない。

日本の繁栄は日本だけの問題ではなく、１００億人になろうとする世界の人口が食べていけるだけの「稼ぎ口」を地球規模で創り出していくというチャレンジでもある。

結局は、社会保障のために重税を課す国家をつくるか、人類の生活を支えるために経済規模を何倍にもしていこうとするかのビジョンと志の問題だ。

「借金1千兆円？　それがどうした」――。今の政治家には、そのぐらいの気概が必要だ。アメリカ大統領も、世界最強の軍事力の支えがあれば、もっとドル札や国債を刷る余裕はある。今こそ、「貧乏神思考」ではなく、富の創造を肯定し実現する「繁栄思考」が求められている。

第8章のポイント

1

日本政府の借金はすべて「円建て国債」であり、借金1千兆円でも破綻しない。

2

「デフレ期の増税は絶対にしてはならない」が歴史の鉄則。

3

緊縮財政が好きな「貧乏神思考」ではなく、富の創造を肯定する「繁栄思考」が世界的に求められている。

【主な参考文献】

大川隆法『繁栄思考』（幸福の科学出版）
大川隆法『未来への国家戦略』（幸福の科学出版）
大川隆法『政治革命家・大川隆法』（幸福の科学出版）
大川隆法『景気回復法』（幸福の科学出版）
大川裕太『幸福実現党テーマ別政策集4「未来産業投資／規制緩和」』（幸福実現党）

第 9 章

ジョブ・クリエーションの時代へ

「新しい資本主義」の時代——。

「霊天上界の支援を受けながら地上に経済繁栄を実現する宗教的人間」

という姿が私たちのモデルになる。

そうした人々に活躍の場を用意する
「ジョブ・クリエーション」こそが企業と政府の使命となる。

ドラッカー「資本主義、社会主義に続く新しい社会が来る」

経営学者ドラッカーは著書『ポスト資本主義社会』で、資本主義、社会主義に続く「新しい社会」が来ると予言していた。

「18世紀後半以降の250年間、資本主義が社会の支配的な現実だった。そして最近の100年間、マルクス主義が社会の支配的イデオロギーだった。しかし今、資本主義とマルクス主義のいずれもが、急速に、極めて異質な新しい社会にとって代わられつつある。その新しい社会、すでに到来している社会が、ポスト資本主義社会である」

18世紀後半からのイギリス産業革命で、近代資本主義の時代が本格的に始まった。一方、社会主義を実践したのは、1922年に成立したソ連であり、それ以前には1880年代

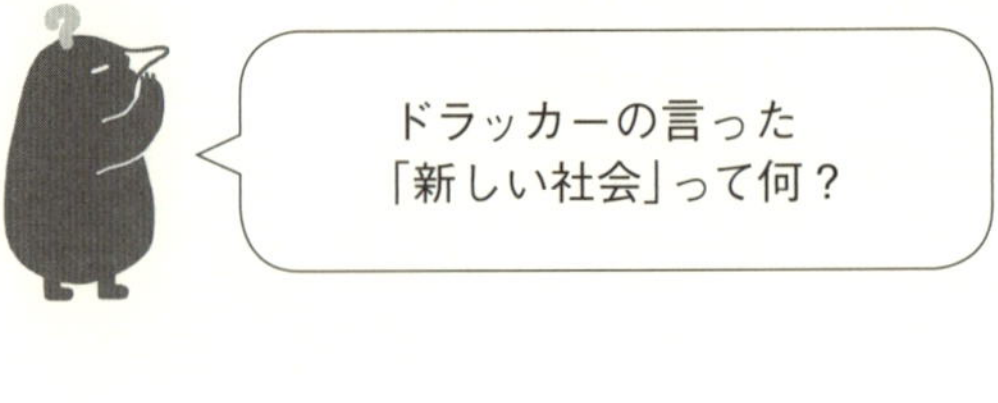

に中流階級への社会保障を充実させたビスマルク（１８１５～１８９８年）のドイツだった。その他の欧米諸国や日本も、１９２９年の世界恐慌後や第二次大戦後にドイツの社会保障政策の後を追った。

今、これらの先進国は、社会保障の財政負担によって、ソ連と同じレベルの社会主義国家になろうとしている。その先にあるのは、社会保障が管理不能になって、ソ連のように国家が崩壊する道。それが着実に近づいている。

一方で、資本主義も終わりを迎えていることは、序章や第7章で触れた。新しい投資先が見つからず、お金があり余っている。中でも日本では、大半の国民が物質的にある程度充足し、「特に欲しいものがない」社会になっている。そうした状況を見て「新しい資本主義」の時代が来るとドラッカーは予言したのだろう。

「人類史の大転換」としてのジョブ・クリエーション

大川隆法・幸福の科学総裁は、これからの資本主義について、「感動を与える商品・サービスを与えること」が重要で、「創造的な頭脳」を持つ人材を育てることが不可欠だと述べている（序章、第7章参照）。

また、大川総裁は2015年7月の法話「人類史の大転換」で、こう指摘している。

国民が預金を国債に替えて、買い支えてくださっている間に、政府がなさなければならないことは、「ジョブ・クリエーション」、つまり、新しい仕事をつくっていくことです。仕事をつくり出す努力をしなければいけないでしょう。

（『正義の法』より）

「創造的な頭脳」を持つ企業家たちが感動する商品・サービスを創り出し、新しい産業が生まれる。政府は人材養成や企業活動を全面的に応援する──。ポスト資本主義は、企業家と政府によるジョブ・クリエーションの時代だと言える。それが「人類史の大転換」の一つだと大川総裁は位置づけたことになる。

こうした時代をドラッカーが予言したならば、それをただ待つということではなく、努力して創り出していくべきだろう。

ドラッカーが重視した新しい経営資源「知識」の意味

では、ドラッカーはその新しい社会をどう考えていたのか。

ドラッカーは、ポスト資本主義社会は、反資本主義社会ではないとした。企業や銀行など資本主義の基本的な枠組みは生き残るが、「これまでとは異なる役割を担う」のだと言う。

その意味では、ジョブ・クリエーションの時代を開くには、企業あるいは企業家、銀行、政府が「異なる役割」を積極的に果たしていくべきだということになる。

ドラッカーは、これからの資本主義では、経営資源として、人（労働力）、モノ（原材料、土地・建物）、お金（資本）、情報（顧客の変化をつかむ材料）に加え、「知識」が入ってくると述べていた。

その「知識」の中心は、これらの経営資源を組み合わせて新しい価値を生み、組織と社会に貢献するためのセルフ・マネジメントの能力だとした。この能力は、経営者だけではなく、組織のメンバー全員が「経営幹部」として向上させつづけるべきものだとドラッカーは位置づけていた。つまり、ドラッカーは、「一社員であっても『企業家』となれる」と主張した。

セルフ・マネジメントの能力というのは、具体的には、自分や仲間の時間の使い方、仕事を前進させるための説得力や交渉力、イノベーションを起こす力、意思決定する力などだ。これらの能力を使って、イノベーションを通じて、市場で新しい商品・サービスを生み出す、というのがドラッカー経営論の基本的な枠組みだ。

ドラッカーは、そのイノベーションのチャンスとして、「予期せぬことが起こった時」「産業と市場の構造変化」などを挙げた。その中の一つに「発明・発見」がある。

しかし、科学的・技術的な「発明・発見」を商品化するまでの道のりは長い。例えば、ガソリン車の次の自動車は、電気自動車なのか、燃料電池車なのか、それともガソリン車が続くのか。どこに人・モノ・お金を投じるべきなのか、明確な答えは見えない。

新しい「発明・発見」が、最終的に顧客を獲得できるか分からないうえ、商品化できたとしても本格的に市場に普及するまで10年、20年とかかる場合が多い。その間、企業の資金力が続くかどうかも分からない。ただ、「当たった」ときには、莫大な利益を生む。

つまり、「発明・発見」によるイノベーションは、ハイリスク・ハイリターンになり、投資よりも投機に近くなるということだ。

経営資源としてのインスピレーションや智慧

この点については、「インスピレーション」が大きなカギになることは第7章でも触れた。大川総裁は著書『資本主義の未来』でこう述べていた。

この「投資」と「投機」の間をつなぐものは何かというと、それが「インスピレーション」であると思うのです。

ですから、「いかに的中率の高いインスピレーションを降ろす方法を生み出すことができるか」「的中率の高いアイデアを出せるような教育ができるか」ということをやることができたら、素晴らしいスーパー教育ができるという

ことです。
この場合、「未来型資本主義が、ここに生まれる」ということが、一つ言えると思います。

インスピレーションは、肉体的な頭脳の中から出てくる単なる思いつきではない。「天啓《てんけい》」と言われるように、天国や霊的世界からもたらされるものだ。だから、「創造的な頭脳」は、霊界を前提としたものとなる。

さらに大川総裁は同書で、こう指摘している。

私たちは、今、「新しい真理がまだまだ数多く眠っている世界が、周りにある」ということに気づいているわけです。

大川隆法著『資本主義の未来』。これからの企業家や経済学のあり方を明らかにしている。

「この眠れる神秘の世界に、どうやって梯子をかけるか。どうやって掘削ドリルを入れるか」が、次の仕事としては極めて大事であり、これが宗教教育だろうし、宗教的な研究の部分だろうと思うのです。

教育については後ほど触れるが、ドラッカーの言う「知識」やセルフ・マネジメントの能力の中に、霊界から来るインスピレーションや智慧といったものも含まれることになる。

前出のＨＳＵ経営成功学部ディーンの鈴木真実哉氏は、これからの企業家のあり方について解説する。

「宗教的な修行を積んだ経営者や企業家が、智慧を含んだインスピレーションを受ける。それが新時代の資本主義につながると考えます。その意味で、優秀な経営者であり、かつ優秀な宗教家でなければならない時代が来たということだと思います。霊界の智慧も、これからは経営資源の一つになるということです」

ドラッカー経営論の枠組みで言えば、霊界の智慧を経営資源の一つとして使うことによって、イノベーションを起こし、新しい商品・サービス、さらには新しい産業を生み出していく、ということになる。

ドラッカーは『ポスト資本主義社会』で、「世界観を変え、価値観を変える。社会構造を変え、政治構造を変える。技術や芸術を変え、機関を変える。やがて50年後には、新しい世界が生まれる」と語っていた。

ドラッカーの思い描いた「新しい世界」では、霊的世界からのインスピレーションや智慧はどういう位置づけだったのだろうか。

マルクス主義も終わりを迎える

霊界の智慧を一つの経営資源とする「新しい資本主義」は、マルクス主義を葬り去ることになるだろう。

マルクスの思想は、「神もあの世も存在しないのだから、人間は地上だけで完結して救われなければならない。お金持ちから財産を奪い、貧しい人たちに配って、平等にしなければならない」というものだ。

この思想の下に、『共産党宣言』にあるような私有財産の廃止、相続権の廃止（財産没収）、強度の累進課税（高い税金）の社会をつくっていった。つまり、マルクスは、神もあの世もない唯物思想をもとに、企業家や資本家を「悪」の存在として重税で罰したのだった。

これに対し、「新しい資本主義」は、神やあの世を前提とし、霊界の智慧を経営資源として使う企業家が主役となる。彼らが世の中に新しい仕事を創り出せば、当然、彼らは「善」なる存在だと言える。

旧い資本主義が終わると同時に、マルクス主義も終わりを迎える。

シュンペーターの言う「企業家」が進化する

「新しい資本主義」の時代の企業家の役割について、経済学者シュンペーターの考え方をもとに見通すとどうなるだろうか。

シュンペーターは、経済発展についての経済学を理論化した。「企業家の不断のイノベーションが新しい価値を生み、経済を発展させる」という理論だ。

シュンペーターは主著『経済発展の理論』で、企業家（企業者）について、「新結合の遂行を自らの機能として、その遂行にあたって機能的要素となる経済主体」と定義した。簡単に言えば、「新しいものを生み出したり、今まで行われてきたことを新しい方法で行う人」ということになる。

それは「機能」なので、一平社員であってもその機能を果たすならば、立派な

「新結合によるイノベーション」を説いたシュンペーター。

「企業家」だ。

シュンペーターは、その「企業家」を突き動かす動機として3つを挙げている。まず、「私的帝国をつくり上げたいという意志」。そして「何としても成功するという勝利者への意志」。これらは、戦国武将のように生存競争に勝ち抜き、領国を築くことに喜びを感じる人たちだということだ。

さらに「創造の喜び」。新結合によるイノベーションを行い、まったく新しいものを生み出す喜びだ。

そのうえでシュンペーターは企業家の資質として、3つの要素を挙げた。

物事の本質は何かを把握し、時代の流れをつかむ「洞察力」。常識や慣行、因習にとらわれず、逆にそれらを打ち破る「精神的な自由」。周りの抵抗や不利な環境に負けない「強い意志」。

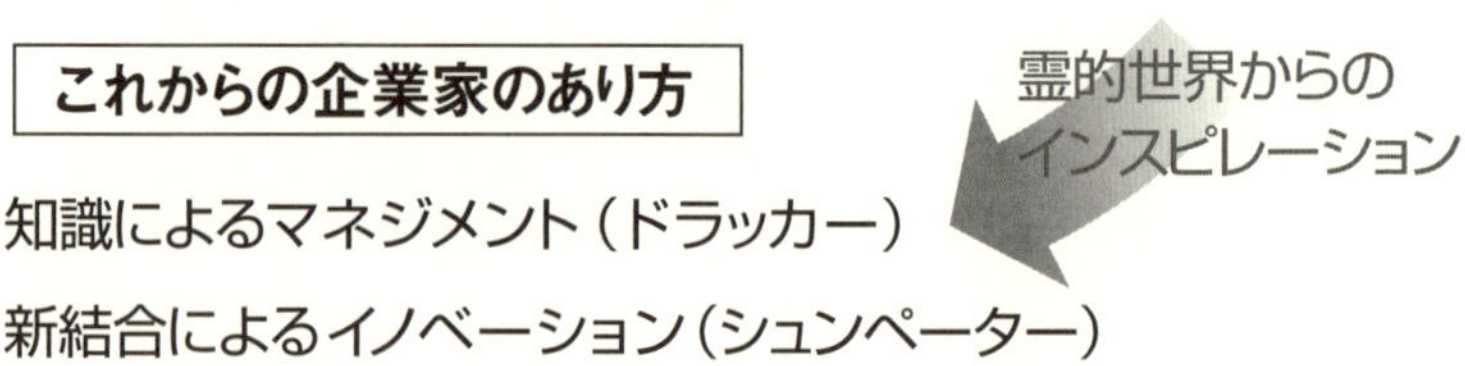

おもしろいのは、新結合によるイノベーションが、企業家あるいは企業の内側から起こり、自分を変えるところから始まるとしていることだ。「こんなものをつくりたい」と発想し、ビジョンを描く「内なる革新」がなければ、一つの商品・サービス、産業にまで育つことはない。かつてのイノベーションである蒸気機関や自動車、電話、飛行機、インターネットなども、「こんなものが欲しい」という個人のビジョンから始まっていた。だからこそシュンペーターは、「創造の喜び」や「洞察力」「精神的な自由」を重視したのだ。

ここに霊的世界の智慧としてのインスピレーションが介在する領域がある。

新結合によるイノベーションは、「創造的破壊」を起こす。蒸気機関車が登場して、馬車にとって代わったようなケースだ。ただ、現実はさまざまな抵抗や困難が伴い、うまくいかない場合のほうが多い。だからこそ企業家に「強い意志」が要るわけだが、一つの事業として稼げるようになるまでの時間をできる限り短くして倒産に至らないためにも、投資と投機の間をつなぐ「インスピレーション」

が果たす役割は大きい。この点は第7章でも述べた。

シュンペーター経済学で体系化された企業家の役割が、霊的世界を明確に前提とすることで、さらに進化すると言っていいかもしれない。

ハイエクの言う「法の下の自由」が企業家を生かす

進化するのは企業家だけではない。政府の役割も明確に変わってくるだろう。その点については、シュンペーター同様、企業家がその能力を最大限発揮することで、繁栄する社会を築いていくことを目指した経済学者ハイエクの思想が参考になる。

ハイエクは、政府は「小さな政府」でなければならないとした。具体的には、細かい規制をなくし、最低限のルールだけを事前に決め、それを逸脱しなければ自由であるという「法の下の自由」、そして、お金持ちを狙い撃ちするような重税をかけない「安い税金」が、繁栄する社会を築くためには必要不可欠だと主張した。
ハイエクはこう述べている。
「自由な国家では、『法の支配』として知られているあの偉大な原則が守られているということである。（中略）この『法の支配』とは、政府が行うすべての活動は、明確に決定され前もって公表されているルールに強制される、ということを意味する」（『隷属への道』より）
「法の支配は、政府がすでに知られている規則の実施を除いては、決して個人を強制してはならないということを意味しているのであるから、法の支配とは立法府の権力をも含めて、あらゆる政府の権力の限界を設定しているということである」（『自由の条件［Ⅱ］自由と法』より）
ハイエクの考える「法の支配」は、道路交通法のような、すべての人が守らなければならないルールに従うことであり、それに従うことが多くの人の自由を守ることになるという意味で「法の下の自由」と言い換えることができるものだ。

これとは反対に、農地法や医療法、教職員免許法など特定の業界や人々を守る法律は、自由を奪い、全体主義に向かうものだとハイエクは批判した。

これまで述べてきたような、霊的世界の智慧を使い、強い意志でイノベーションを起こす企業家にとって、ハイエクの言う「法の下の自由」は欠かせない。

19世紀後半の欧米で、もし政府が「馬車業界は大切だから絶対に守らなければならない」という強固な法律をつくっていたら、鉄道事業は簡単には立ち上がらなかっただろう。業界保護のための法律は「法の下の自由」に反し、業界以外の人を排除する。今の日本は、農業や医療、教育など各業界の人々の特権的な地位が、法律や補助金によって守られている。

こうした縛りを解いて、企業家が自由に参入して、「創造の喜び」を感じられる社会に変えていかなければならない。

「創造的な頭脳」を持つ企業家や発明家が活躍して繁栄を創り出すのが、「新しい資本主義」だ。これからの政府には、企業家の行動を縛る細かな規制をなくす

「小さな政府」へのイノベーションが求められる。

「新しい資本主義」を支える新しい宗教的価値観

最後に「新しい資本主義」を支える宗教的価値観について、改めて考えておきたい。

というのも、近代資本主義は、キリスト教のプロテスタンティズムをバックボーンとして生まれており、もともと宗教と資本主義は切り離せないものだからだ。これからの資本主義では、霊的世界からのインスピレーションを受けるという、より密接な宗教との結びつきが出てくると考えられる。

ドイツの社会学者マックス・ウェーバーは、「勤勉に働いて豊かになることは、神が祝福し、神の栄光を地上で実現することである」という精神が近代資本主義を生み出したとした。

と同時にウェーバーは、『プロテスタンティズムと資本主義の精神』で、こんな予言をしている。

「営利のもっとも自由な地域であるアメリカ合衆国では、営利活動は宗教的・倫理的な意味を取り去られていて、今では純粋な競争の感情に結びつく傾向があり、その結果、スポーツの性格をおびることさえ稀ではない。将来この鉄の檻《おり》の中に住むのは誰なのか、そして、この巨大な発展が終わるとき、まったく新しい預言者が現れるのか、あるいはかつての思想や理想の力強い復活が起こるのか、それとも——そのどちらでもなくて——一種の異常な尊大さで粉飾された機械的化石と化することになるのか、まだ誰にも分からない」

「粉飾された機械的化石」というのは、もともとのキリスト教的な資本主義の精神が失われ、株式会社や金融機関、市場などが〝抜け殻〟となると予言した言葉だろう。ハイリスクの金融商品を誤魔化して世界中に売って、そのバブルが弾けた2008年からのリーマン・ショックに象徴されるものかもしれない。

「かつての思想や理想の力強い復活」は、現代のキリスト教によって実現するのは難しい。やはり、「新しい預言者」の登場によって、「新しい資本主義」のバックボーンとなる宗教的価値観が打ち立てられると考えるべきだろう。

「新しい預言者」による「かつての思想や理想の力強い復活」

もちろん、「神様の祝福を受ける経済的成功を目指す」という考え方は、近代資本主義とこれからの資本主義とで、そう変わらない。ただ、「新しい資本主義」においては、今までも述べてきたように、神様や天使・菩薩のような存在から、インスピレーションという形で具体的に応援を受けるところが大きく違うと言え

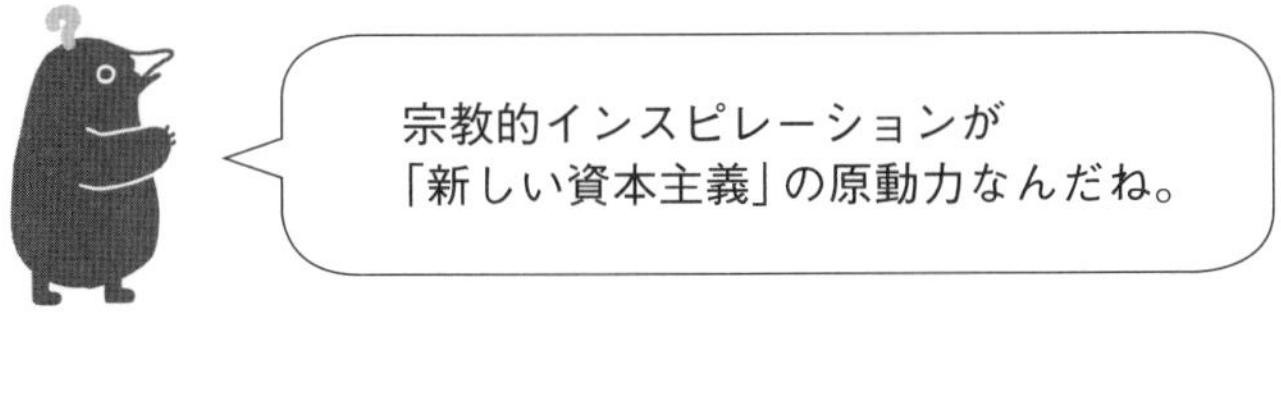
宗教的インスピレーションが
「新しい資本主義」の原動力なんだね。

る。

近代資本主義では、「成功し繁栄した者は、神の祝福を受けたと解釈する」という、ある種の結果論だった。これからの資本主義では、成功のプロセスや出発点においても、神から祝福され、天使や菩薩たちから具体的に応援をもらえる状態であるかどうかが問われると言っていい。これからの企業家は、宗教性を帯びる存在になる。

大川総裁はそうした企業家を数多くつくり出すために、『資本主義の未来』で教育のイノベーションが不可欠だと述べている。

工業生産の時代には、正確に計算ができたり、きっちりとした仕事ができるような人をつくることが大事でしたが、これから先は、「今まで見たことがないようなものを考え出す人」や「前例がないものをつくり出すことができる人」をつくり出していく教育をやらないと駄目なのです。

２０１５年、ハッピー・サイエンス・ユニバーシティ（ＨＳＵ）が千葉県に開学した。「人間幸福学部」では、宗教的に人間の幸福とは何かを探究し、「経営成功学部」「未来産業学部」では、創造的頭脳を持つ企業家・発明家・研究者・技術者を育てる。さらに、２０１６年度開設の「未来創造学部」では、日本と世界の繁栄に責任を負う政治家などを育てる。

４学部が連携しながら、「新しい資本主義」を生み出す役割を担うと言っていいだろう。一教育機関の目標として巨大すぎるように見えるが、それだけの志と使命感を持ち、実際、その原型となる教育はすでに始まっている。

「新しい預言者」による「かつての思想や理想の力強い復活」がここにはある。新しい宗教観の下で、勤勉に働き、神の栄光を体現する新しいタイプの企業家を世に送り出しつづけるはずだ。

本章では、「新しい資本主義」の時代の企業家や政府のあり方を、ドラッカー、シュンペーター、ハイエクの思想・理論から見通してきた。ドラッカーのマネジメント理論、シュンペーターのイノベーションの経済学、ハイエクの自由の哲学は、「新しい資本主義」への橋渡しになるものと位置づけていいだろう。

それに加えて、新しい宗教観として、幸福の科学やＨＳＵが打ち立てるものが大きな役割を果たすことになるだろう。

ジョブ・クリエーションの時代は、「生涯現役」の時代

大川総裁は先の法話「人類史の大転換」で、政府の役割としてのジョブ・クリエーションについて触れた後、「生涯現役」について述べている。

国民各位にあっては、六十歳定年というのではなく、今後、最低でも七十五歳、あるいは、それ以上まで働き続けることができるような職業をつ

くっていける社会にしていかなければならないし、それが、世界の未来の目指すべきところであるのです。

（『正義の法』より）

政府がもはや、国民の「老後」の面倒を見ることができないことは、第4章、第5章で見た通りだ。また、18世紀や19世紀のような肉体的な重労働が少なくなる中で、「定年」は時代遅れになりつつある。

第二次大戦後は飛躍的な生産性の向上によって、工場労働者も肉体労働からある程度解放され、頭脳労働が主流となった。ドラッカーの言うように、マネジメントの「知識」が経営資源の中心となる中で、肉体的な衰えに基づいて決められる「定年」制度は意味を失おうとしているのだ。

あるいは、「定年」制度は、「労働は神が与えた罰」という聖書の価値観が背景にあるのかもしれない。「労働から解放されることが幸福だ」という人生観は、欧米に今も根強くある。

一方、日本では、「働いて人のためになることが幸福だ」という価値観のほうが強い。神様も働く日本神道の労働観からくるものだろう。これからの人生観や労働観はこちらのほうが望ましく、機械的に「定年」に縛られる必要はない。「老後」も、自分に合った形で働きつづけるのが理想だ。

近代資本主義の200年、社会主義の100年、そして「新しい資本主義」へ

ドラッカーは、現代の資本主義から「ポスト資本主義」への変化は、数百年に一度の大転換期であると述べていた。それは1965年ごろに始まり、2030年ごろに「新しい世界が生まれる」と予測していた。

一つ前の大転換期は、18世紀の終わりから40年ほどの期間。ジェームズ・ワッ

トが新式の蒸気機関を発明し、アダム・スミスが『国富論』を書き、少し遅れて１８４８年、マルクスが『共産党宣言』を発表した。

つまり、産業革命が起こって近代資本主義が繁栄をつくり、同時に共産主義（社会主義）も誕生した時期だ。

大きな流れで言えば、近代資本主義の２００年、社会主義の１００年が終わり、「新しい資本主義」の時代を迎えようとしている。

その新しい時代の基調は、政府や企業のレベルで言えば「ジョブ・クリエーション」であり、国民一人ひとりのレベルで言えば「生涯現役」ということになる。

政府は、国民の老後の面倒を丸ごと見る社会主義を捨て、真に自由な政治へと生まれ変わる。そして、企業家とともに新しい事業・産業の創造をミッションとする。国民一人ひとりは、各人の意欲と能力に応じて働く喜びと生きがいを追求する――。

これがドラッカーが予言した「新しい世界」ではないだろうか。

人類を幸福にする「徳ある国」を目指して

大川総裁は2014年3月の法話「未来創造の帝王学」で、これからの時代の資本主義についてこう述べた。

これからやらなければならないことは、「未来人類から感謝されるような仕事とは何であるか」ということを考えてやっていくことです。それが、これからの経済を大きくしていくための道なのです。

18世紀後半からの産業革命以降、イギリスでは蒸気機関や鉄鋼、ドイツでは電気機械、アメリカでは自動車などの新産業が生み出された。これらの産業が100年、200年にわたって何十億人という単位の仕事を創り出してきた。

未来の人類から見れば、現代に生きる私たちには、それ以上の何百億人分の〝メシの種〟となる基幹産業を創り出すミッションがあるということだ。

「未来人類から感謝される仕事」は、「徳ある仕事」と言い換えていいかもしれない。

20世紀の偉大な経営者・思想家である松下幸之助氏は、政府の資産運用によって税金をゼロにする「無税国家」を構想した。これは、政府が「財団」のようになることを意味する。

松下氏はそれだけでなく、最終的には政府が「徳ある事業」を展開することによって、寄付（布施）が集まってくるスタイルの無税国家も考えていたという。

つまりこれは、国家が「宗教」のスタイルになるということだ。仏教やキリスト教、イスラム教など世界宗教の寿命は1千年、2千年を超える。本当に政府が1千年とはいかなくても、数百年の単位で未来のための仕事ができるならば、寄付や布施が集まってきてもおかしくない。

年金や医療など社会保障のためにお金をバラまいて約1千兆円の借金をつくっ

た今の日本の政府に対し、「税金を積極的に納めたい」という国民はごく少数だろう。しかし、もし子や孫、曾孫の代に日本や世界がさらに豊かになる仕事を政府がするならば、国民は「喜んで税金を払いたい」という気持ちになる。

それは古い言葉で言うならば、「徳治政治」と呼ばれるもので、それを司《つかさど》る人たちは「徳ある政治家」ということになる。

日本が「新しい資本主義」とジョブ・クリエーションの時代を開き、人類の幸福に貢献できたならば、それは神仏の心を体現した「宗教立国」が実現したと言えるだろう。

第9章のポイント

1

一人ひとりが霊的インスピレーションを受け、新たな創造をする企業家となるべき。

2

政府はジョブ・クリエーションを仕事とし、生涯現役社会の構築を支援すべき。

3

未来人類から感謝される仕事、徳ある仕事を目指そう。

【主な参考文献】

大川隆法『正義の法』（幸福の科学出版）
大川隆法『資本主義の未来』（幸福の科学出版）
大川隆法『創造する頭脳』（幸福の科学出版）
P・F・ドラッカー『ポスト資本主義社会』（ダイヤモンド社）
J・A・シュムペーター『経済発展の理論（上）（下）』（岩波文庫）
『ハイエク全集　自由の条件［Ⅱ］　自由と法』（春秋社）
マックス・ウェーバー『プロテスタンティズムの倫理と資本主義の精神』（日経ＢＰクラシックス）

あとがき

日本のＧＤＰ（国内総生産）がこの25年間伸びていない理由として、歴史問題の影響が大きいことは序章で述べました。

「かつてのように日本がアジアで軍事的な役割を担ったら、またひどいことになる。だから、そういう仕事はアメリカに任せておきたい。日本は経済活動に専念したい」

大半の国民の意識はこんなところだと思います。

この意識から出てくるのは、「経済的にアメリカを越えてはいけない。軍事的な責任を背負わされるから」という考え方です。

こうした日本国民全体の〝潜在意識〟がものすごいパワーとなって、日本の経済的な発展にブレーキをかけているようです。

ただ、本書で掲げたＧＤＰ１５００兆円を実現していく過程で、この潜在意識はどうしても変えていかないといけないものです。

ＧＤＰ１５００兆円は現在のアメリカのＧＤＰとほぼ同じぐらいの大きさです。日本もアメリカのように、自国の経済圏や関係の深い地域の軍事的な安定に責任を負わなければならなくなるからです。

アジアの平和を維持し、世界貿易を拡大できるか。中東へのシーレーン（海上交通路）を守り、エネルギー供給を確保できるか。中東での大戦争を避けることができるか――。これらが日本の責任範囲に入ってきます。

ＧＤＰ１５００兆円を実現し、さらにそれ以上に伸ばすためには、貿易のさらなる自由化、円の基軸通貨化、移民受け入れなども、日本の課題となってきます。

こうした国際政治経済のテーマについては、続編として『大国日本のミッション』（仮題）の発刊を予定しており、そこで検討していきたいと思います。

執筆にあたっては、たくさんの方々からアドバイス、サポートをいただきました。

本当にありがとうございました。

本書も続編も、大川隆法・幸福の科学総裁の説く繁栄哲学や正義の原理がもとになっています。本書で一部紹介した大川総裁の『正義の法』も今年12月中旬に発刊されます。是非、あわせてお読みください。

世界の平和と繁栄、人類の幸福のために行動する人が一人でも多く生まれることを願います。

2015年11月7日

「ザ・リバティ」編集長　兼

ハッピー・サイエンス・ユニバーシティ　ビジティング・プロフェッサー

綾織次郎

著者＝ 綾織次郎（あやおり・じろう）

1968年、鹿児島県生まれ。一橋大学社会学部を卒業後、産経新聞社に入社。主に政治部で首相官邸や自民党などを担当。各政権の中枢を取材し、歴史認識問題や外交問題などに幅広く迫った。2001年に幸福の科学に奉職。月刊「ザ・リバティ」編集部で、主に政治、国際政治などの分野を担当。2010年から編集長。幸福の科学上級理事。ハッピー・サイエンス・ユニバーシティ ビジティング・プロフェッサー。著書に『「奇跡」の日本近代史—世界を変えた「大東亜戦争」の真実』がある。

GDPを1500兆円にする方法
「失われた25年」からの大逆転

2015年12月 1日　初版第1刷
2015年12月27日　　　第2刷

著者　綾織次郎

発行者　佐藤直史

発行所　幸福の科学出版株式会社

〒107-0052　東京都港区赤坂2丁目10番14号
TEL（03）5573-7700
http://www.irhpress.co.jp/

印刷・製本　株式会社サンニチ印刷

落丁・乱丁本はおとりかえいたします

ISBN978-4-86395-740-4 C0030
写真：アフロ